혼자서 서너 명을 일시에 제압하는 기술!!

현대합기도교본

최신판

현대레저연구회 편

태을출판사

고양이같은 몸놀림으로
호랑이같은 힘을

최근 우리 인간은 물질 문명의 급진적인 발달로 천지자연(天地自然)의 마음을 차츰 잃어가고 있다. 천지(天地)에 순응하는 자세야말로 인간의 참모습이다. 모든 만물을 사랑하는 기본 정신을 바탕으로 천지에 순응하는 마음이 싹트게 된다. 우주 질서에 순종하는 인간의 올바른 자세를 그 구심점으로 출발한 무술이 바로 합기도이다.

그러므로 합기도는 단순한 무술이라기 보다는 일종의 무도(武道)이다. 천지만물을 사랑하는 마음가짐으로 자기의 사명을 완수한다고 하는 대전제 아래 비로소 합기도의 입문이 가능하게 되는 것이다.

합기도의 기본 정신은 나를 보호한다는 차원에 있는 것이 아니라, 나를 떠나서 남을 이해하고 구도한다는 차원에 있다. 그러므로 합기도가 가지는 그 오묘한 무도의 힘은 한 개인의 힘에 국한되지 않는다. 대우주적인 질서 속에서 거두어들이는 무한한 힘을 새롭게 모아서 다시 발산하는 것이다.

따라서 합기도를 통하여 심신을 단련하는 가장 큰 목적은, 무한의 힘을 모아 유한의 힘을 제압하려는데 있다.

이 책은 초보자를 위한 가이드로 엮어진 합기도 지침서이다. 사진을 비롯한 상세한 해설을 곁들였으므로 누구든지 쉽게 그 진수를 이해할 수 있으리라 믿는다.

편자 씀.

차 례 *

* 차 례

제 4 장 / 기본기

제 5 장 / 기본 변화의 기

제 1 장

발전하는 합기도

어린이와 합기도

어린이는 참으로 순진하다. 아름답고 깨끗하다. 거기에 대한 아무런 자랑도 없다. 게다가, 강하고 아름다운 것에 대한 동경은 도저히 어른이 미칠 수 없는 지경이다.

합기도의 움직임은 아름답다. 게다가 이 아름다운 것을 몸에 익히면 마음도 육체도 모두 보다 강해진다는 것을 알 수 있다. 이때, 어린이들의 마음은 합기도를 하고 싶어 하는 것이다.

옛날, 무사의 자식들이 무술에 대해 갖고 있던 동경을 좀더 널리 자유스러운 의미로 생각하자. 그것이 현대에 있어서의 어린이 합기도에 대한 생각인 것이다.

●합기도는 어린이 성장을 돕는다

합기도의 움직임은 상당히 엄격하다. 게다가 그것은 자연과의 조화 속에서 아름다움을 표현한다. 어린이가 합기도를 수업하고 있는 동안에 어느 사이엔가 어린이의 꿈 속에 이 아름다움이 피어나게 될 것이다. 이 꿈이 무한히 커가듯이 어린이는 바르고 밝게 성장하는 것이다. 합기도를 바르게 수업하면, 아마도 어린이들의 장래에 큰 보탬이 될 것이다.

〈고분고분해진다〉

합기도의 움직임은 무리가 없고 매우 합리적이다. 하나 하나의 기법이 자연의 움직임에 순응하여 만들어져 있다. 게다가, 합기도의 연습법은 기(技)의 수련을 반복하여 몸으로 익히는 것이다. 결코 상대편에게 경쟁심을 가지고 시합하는 듯한 이상한 분위기에서 기법을 강렬하게 키우는 것이 아니다.

'몸은 마음을 나타내고, 마음의 산물은 몸이다.'

이 무리없는 기법을 몸에 익히기 위하여 반복 연습하면, 마음 또한 자연히 엄격함 속에도 품위가 있는 고분고분한 자세가 생기는 것이다.

합기도를 시작한 다음 우리집 아이가 고분고분해졌다. 라는 말은 자주 듣는 이야기이다.

〈침착해진다〉

어떤 상황에 부딪쳐도 그만큼 자기에 대한 자신이 생기는 것이다. 훌륭한 도는 정진하면 정진할수록 품위가 있게 되며, 거기에 자신력을 더해간다.

자기에 대한 신뢰감이 깊어지면 깊어질수록 이상할 정도로 인간적으로는 침착함이 나타난다.

어린이 뿐만이 아니고, 누구라도 합기도를 시작하면, 몸에 침착함이 배여 다른 사람들이 그것을 지적하여 스스로도 놀란다는 이야기는 자주 듣는 이야기이다.

〈예의를 배운다〉

옛날 무사들은 예의를 매우 중시했다.

또, 그러한 것이 다른 사람에 대한 자신들 계급의 자랑이기도 했다. 무사가 예의에 철저했던 것이야말로 자랑할만한 무사도이며, 이것은 무가 시대의 꽃이라고까지 일컬어지고 있다.

좋은 전통은 비록 그것이 어떤 시대에 발생한 것이라도 계속 유지하고 보다 나은 것이 되도록 발전시키지 않으면 안된다.

합기도장에 들어갈 때 엄숙한 기분, 그 행동거지에서 받는 예의 바른 상쾌함, 아마 합기도를 연습하면 모르는 사이에 그 사람은 한층 예의 바른 사회 생활을 영위할 수 있게 될 것이다.

한 외국인이 8살인 자신의 아이를 합기도 도장에 보냈다. 10일 정도 지나 자택의 신발이 모두 나란히 단정히 정돈되어 있는 것을 알아차렸는데, 그것은 그 아이를 도장에 보낸 후에 생긴 일이었다. 그때까지의 가정 생활에서의 교육에 대해 깊이 생각하고는, 부모로써의 수치를 느꼈고, 새삼 기쁘기도 한, 참으로 복잡한 기분을 맛보았다고 한다.

〈표현력을 풍부하게 한다〉

우리들은 사람 앞에서 자신의 생각의 10분의 1도 표현하지 못하는 어린이들이 의외로 많다는 것을 기억하고 있다.

합기도의 동작에는 안으로 움츠리는 경우가 없다. 기를 발산한다. 힘을 낸다. 모두 밖으로 내는 것이다. 여기에 밝음이 가득하다. 항상 이런 기초에 준한 동작을 몸에 익히노라면, 어느 장소, 어느 곳에서나 사람의 낯을 가리지 않고, 자기를 표현하는 것이 매우 쉬워지는 것이다.

매우 어두운 감정을 가진 어린이들이 합기도 연습을 계속하면서 생

활이 달라져 밝게 되었다는 이야기는 최근에도 매우 많다.

〈씩씩하게 자란다〉

어린이가 씩씩하게 자라는 것은 우리 모두의 꿈이다. 그러나 최근에는 과보호의 결과인지, 몸집만 크고 끈기도 없고, 전혀 의지도 없는 어린이가 적지 않다.

합기도를 연습하는 것에 의해 앞에서 말한 것을 몸에 익혀, 강하고, 밝고, 명랑한 어린이가 되도록 해야 할 것이다.

● 어린이 합기도의 현황

어린이 합기도 입문을 허락한 역사는 매우 짧다.

최근, '사람 만들기'를 외치며, 다음 시대를 짊어질 청소년의 인간적 교육이 매우 중시되고 있다.

어린이의 장래를 생각하면 반드시 합기도를 시켜야겠다는 부모들의 희망이 합기도의 본부 도장으로 산적하는 상황이 되었다.

지금까지 기술의 악용을 두려워 하여 적극적으로 어린이들의 지도에 손을 대지 않았던 우리들도, 우선 합기도의 마음을 전해주어 그들이 그

것을 알게 되는 것이 합기도인으로써의 사명일 것이라는 생각에서 어린
이들에 대한 합기도 연습을 장려하고 있다.

그것은 빠른 반영을 보여, 각 도장마다 수많은 순진한 어린이들의 얼
굴이 나타나고 있다.

입문해 오는 어린이들에게는 우선 예의를 가르치고, 모르는 사이에
합기도의 마음이 몸에 배도록 날마다 연습을 편성하고 있다.

도장에서는 그 수가 나날이 증가하고 있으며, 어른들과 같이 여러가
지 사정으로 그만두는 경우가 적기 때문에, 그 인구는 매우 강한 세력
으로 확대를 계속하고 있다.

최근 어린이들용 만화에까지 합기도가 등장하고 있는 것은 그 때문
일 것이다.

다음 세대로의 기대는 점점 커지는 것이다.

◀ 즐거운 어린이 연무

여성과 합기도

내용은 별도로 치더라도 합기도는 한편 여성적이다. 최근, 우먼 리브라는 말을 들을 수 있는데, 여성에게 있어서의 합기도 열기는 당연한 것이라고 할 수 있다. 그러므로 장래 더욱 발전할 것이라는 생각은 당연한 생각일 것이다.

●여성에게 적합한 합기도

여성은 남성에 대해 수동적이라고 일컬어진다. 그러나 마음이 있는 여성은 남성을 자유로이 움직이며, 원하는 방향으로 이끌어가는 것이다. 이것은 단순히 수동적이라는 뜻이 아니며, 남성 속으로 여성이 들어가 버린다는 의미이다.

합기도의 움직임에는 일점의 무리도 없다. 이것이 도리(道理)로 되어 있다. 그러므로, 상대가 있는 경우, 상대의 움직임을 자기의 움직임에 조화시켜 상대를 자기의 일부와 같이 다루어 합기도의 극치라고

아름다운 움직임을 추구하여 실시하려 하는 여성도 많다.

일컬어지는 기술에 이르는 것이다. 무리없이 상대를 자기 속오로 넣어 자유로이 조종하는 것은, 좋은 의미의 여성이다. 여성에게 있어서 합기도의 열기는 당연히 고양되어야 할 것이다.

〈움직임이 아름다운 합기도〉

아름다움은 무한의 감동을 주며, 또 절대적인 마력을 낳는다. 게다가 여성의 아름다움에 대한 동경은 한층 강렬한 것이다.

합기도의 움직임은 자연미의 극치라고 일컬어지고 있다. 그것은 그 움직임이 아무런 무리한 느낌을 주지 않고, 일점을 중심으로 한 구전(球転) 운동이기 때문이다.

게다가 이 움직임에 상응한 인간적인 힘— 인간에게서 나오는 기(気)와 혼의 힘— 의 강렬한 용솟음은 어떤 것이라도 삼킬 수 있는 강한 소용돌이와도 같은 힘을 지니고 있다. 그것은 마치 태풍의 눈과도 같이 격렬한 것이며, 그 흐름은 춘풍(春風)과도 같이 부드러움을 지니고 있다. 움직이면 움직일수록 중심이 내려가 안정감이 생기는 것도 자연의 극치와 일치하는 합기도의 독특한 움직임에서 나오는 것이다.

무용의 원조인 선생이 합기도에 감동되어 이 도(道)를 배웠다는 것은 당연한 이야기인 것이다.

이 아름다움을 원하여 합기도를 시작한 여성도 매우 많다.

〈용자 단정(容姿端正)으로의 도(道)〉

합기도를 열심히 연습하는 사람은 거의 부드러운 어깨를 가지고 있다. 게다가, 자세도 바르고, 적당한 체위를 보존하고 있다. 결코 교만하거나 마르거나 하지 않다. 그것은 합기도가 무리 없는 원 운동을 하기 때문에 스스로 중심이 내려가고 밸런스가 잡혀, 소위 용자 단정한 몸이 만들어지기 때문이다. 게다가, 건강적으로도 내장의 각 기능의 조화가 이루어져 더할 나위 없는 효용이 있는 것이다.

여성이 합기도의 연습을 시작하려 하면서, 자주 다음과 같은 질문을 하는 사람이 있다. '떡 벌어진 어깨, 근육형 몸집이 되지 않읍니까?'라고, 그러나 많은 여성의 연무 풍경을 보고 그것이 기우였다는 것을 곧 알게 될 것이다.

〈호신술도 된다〉

'괴한에게 공격당했을 때 합기도를 수업한 여성은 어떤 식으로 상대를 퇴치할 것인가?'라는 질문을 받는 경우가 있다. 실로 어리석은

늘어가고 있는 여성 수업자

질문이라 할 수 있을 것이다.

합기도를 수업한 여성은 아마도 상대를 던져버리려고는 하지 않을 것이며, 그 때, 그 장소에 있어서 최선의 처치를 취하면서 침착하게 상대를 피하려고 할 것이며, 또 피할 수가 있을 것이다. 그것은 합기도를 수업하여 몸에 익히고 있다는 자신이, 자기의 페이스로 상대방을 끌어들여 무리한 방법이 아닌 것으로써 처치하는 것이다. 흔히 말하듯이 남자를 내동댕이 쳐 버리는 화려함 보다도 그 이상의 단단한 호신이 합기도에 의해 생겨나는 것이다.

〈생활 속에서 살릴 수 있는 합기도〉

합기도가 도장에서만 이루어지는 것은 아니며 생활의 모든 장면에서 그것을 살릴 수 있는 것은 남성도 여성도 마찬가지이다. 그러나 다음 시대의 주역인 어린이를 키운다는 데 가장 큰 역할을 하는 여성에게 있어서는 남성과 달리 그 살리는 방법이 있다.

직장, 가정, 여자의 교육 등 여성을 위한 합기도는 연습 때 도장에서만 존재하는 것이 아니다. 명랑함, 외유내강, 침착한 판단력과 그 환

경 만들기는 합기도를 연습함에 따라 얻을 수 있는 것을 잘 살릴 때 이루어지는 것이며, 그것에 의해 큰 힘이 된다는 것은 의심할 바 없다.

〈정신 수양도 매력〉

언젠가 합기도에 열심인 여성 수 명이 모인 가운데, 어떤 신문사가 좌담회를 개최했다. 그 때, 주최자측은 무엇인가 다른 화제라도 생각했는지, 입문한 동기에 대해서 괴한으로부터의 호신술 이라는 방향으로 화제를 이끌어가려 했으나, 그 곳에 모인 여성은 정신 수양을 위해 입문했다고 대답했다. 고로 주최자측의 기자는 그 화제를 흥미 본위로 돌리기 위하여 상당히 애쓰는 느낌이었다.

최근 합기도를 시작하려는 여성은 겉모습이 아름답다는 매력도 있지만 일면 정신 수양이 되어 침착한 사람이 되려는데 그 목적을 두는 사람이 많다.

외국 여성은 '움직이는 선'이라며 문을 두드리는 경우를 많이 볼 수 있는데, 한국 여성도 매우 진지하게 구도하려는 자세를 지니는 사람이 늘고 있는 것은 바람직한 현상이다.

●여성의 입문

최근, 여성이 입회 규칙서를 원하여 오는 사람이 매우 많다.

현대 여성이 일상 생활에서 맛 볼 수 있는 즐거움으로써 합기도가 적절하다는 인식이 널리 퍼져나가는 것은 하나의 놀라움이었다.

도복은 유단자 부터 입도록 하고 있으나, 보기에도 그렇고 다른 여러 상황을 생각하여 여성만은 처음부터 도복을 입도록 하고 있다. 여성 중에는 도복을 입고, 합기도 독특의 원전(円転)의 움직임이 아름다워 시작했다는 사람도 많이 있다.

●여성 합기도의 현황

여자 대학, 전문 대학 등에서 합기도의 활약이 두드러지고 있으며 사회, 관청, 공공 단체 등으로 시야를 넓히면, 최근 여성계에서의 급격한 발전 상황을 알 수 있다. 최근에는 어느 도장에서 수업자의 1할 이상이 여성이며, 해외에서 온 수업자도 늘고 있다.

처음에는 각 분야의 각계 유명 여성이 매우 많고, 특이한 부인 사이에서 합기도라는 인식이 높은 경향이었다. 그러나, 점차로 최근 합기도도 일반 여성 속에 크게 그 뿌리를 내리게 되었다.

학생과 합기도

최근 합기도의 발전은 학생 합기도계의 비약에 의해 이루어졌다. 그들은 젊음에 걸맞는 정렬과 그 행동력에 꿈을 실어 돌진한다. 학생이 사회에 터를 닦고 서는 때, 학생 시대에 합기도를 닦아 진보시키고, 또, 그 합기도가 자기 발전에 도움을 준다는 것을 안 것이다.

● 학생 생활 속에 살릴 수 있는 합기도

어떤 유명한 대학 교수가 '현재, 합기도는 시합이 없는 유일한 무술이다. 최근 학교에서 실시하고 있는 체육은, 목도도, 경기도 그 모두가 시합으로 시작하여 시합으로 끝나고 있다. 승패를 목표로 하면, 챔피언을 만들기 위하여 다른 어떤 무리를 해도 좋다 라고 생각하며, 승부에 아집을 걸고 있고, 따라서 주위에 걱정을 미칠 위험이 있다. 학교는 몸의 강약을 막론하고 모든 학생을 교육시킬 수 있는 체육을 실시하지 않으면 안된다. 합기도는 시합도 없고, 움직임에 무리도 없다. 이 단련 방법은 강약 자재로 운영할 수 있으므로 학생을 이끄는데 있어서 참으로 훌륭한 것이다.'

〈인간 만들기에 최적〉

한국 민족이 갖는 전통의 훌륭함을 계속 받아들이며 살리고 있는 것은 옛부터 전해져 내려오는 한국 독특의 도(道)라고 불리우는 것에서 많이 볼 수 있다.

합기도는 그 도(道) 중의 하나이며, 이 도를 수업하는 것에 의해 한국 그 자체를 배울 수 있는 것이다.

다시 말해서 합기도에서 얻을 수 있는 예의란, 윤리관, 심미관, 사회관, 우주관, 세계관, 등등 씩씩해지는 한편, 조화를 이룬 건강한 육체를 만들려는 것이다. 학생 시대에 실시되는 합기도 수업은 사회에 나간 다음 생활, 일 모든 면에서 크게 역할을 할 것임에 틀림없다.

〈강해지는 마음과 몸과 완력〉

무엇이나 처음에 단단히 단련을 해 두면 그 때 양성된 힘은 최후에까지 큰 영향을 주는 것이다.

무도(武道) 중에 씩씩함을
구한다.

최근 한국사람은 체격이 커졌다. 보기에는 좋아 보이지만 옛날 사람
들에게서 볼 수 있었던 끈기가 결여되어 있다고 일컬어지고 있다.

모든 것을 구하여 성장하려는 것이 왕성한 학생 시대, 합기도 단련에
의해 얻을 수 있는 마음, 몸, 게다가 거기에 동반된 인간적 저력은 사
회에 나갈 때 그 사람에게 일생을 통하여 큰 영향을 끼칠 것이다.

합기도로 튼튼하고, 충실한 사회 생활을 보낼 수 있게 되는 것이다.
그를 위해서 젊음이 충만된 학생 시대에 합기도를 바르게 인식하여, 그
수업에 정진할 기회를 얻을 수 있기를 바라는 것이다.

〈스트레스 해소의 수단〉

최근, 수험생이 노이로제로 자살했다는 기사를 자주 볼 수 있다. 자
신의 일생이 시작되려는 학생 시대에 그런 일이 일어나는 것은 참으로
안타까운 일이다.

합기도는 그 단련이 사람이 지닌 모든 힘을 유효 적절하게 낼 수 있
도록 만들어져 있다.

즉 기력, 심력, 체력, 등등 모든 힘이 통일 되어 나오는 것이다. 이것

은 사람으로써 이해하기 어려운 굉장한 힘을 내기도 한다.

합기도로 그 힘을 체내에 간직하고, 힘을 모아 상대에게 대항하기 위해서가 아닌, 정말로 자기의 힘을 내야할 때 그것을 낼 줄 알아야 하는 것이다.

합기도의 연습은 그 사람의 성격을 바꾼다. 매우 명랑하고 밝아지는 것이 합기도 수업자의 특징이다.

학업에 지쳐 청춘 시대의 잡념이 인간적인 의문을 불러일으키는 때, 도장에서 바른 합기도 연습에 몰입하면 그 마음의 압박은 일거에 해소될 것이다.

단시간, 매일 매일 정해놓고 합기도를 연습하면 그것이 비록 수험 면학 중일 때에도 학업 촉진제 역할을 하는 것이다.

〈무술로써, 체육으로써, 스포츠로써〉

합기도는 전통이 있는 한국 무술에서 출발했기 때문에, 거기에 흐르는 줄기 맥락은 한국인의 인간적 교육면에 큰 역할을 한다.

사회 교육 입장에서도, 결실을 보는 체육으로써도 실시되며, 넓은 의미에서의 스포츠로써도 합기도는 연습이 이루어지고 있으며, 모르는 사이에 이 도(道) 속에 흐르는 맥락을 몸에 익히는 것이 중요하며·그것이 일반인으로부터 높은 평가를 받고 있다.

학생 여러분이 각각의 입장에서 무도로써, 광의의 스포츠로써, 또 체육으로써 폭 넓게 받아들여 합기도와 친해지는 것은 비록 그 촛점이 하나는 아닐지라도 그 의의는 자못 큰 것이다.

● 학생이 합기도를 시작하려면

합기도를 시작하려면 2가지 방법을 생각할 수 있다.

하나는, 대학부에 적을 두고 어떤 제약된 상태에서 단체 수업을 하는 것이다.

또 하나는, 합기도 지도가 실시되고 있는 도장, 또는, 체육관 등에 입문하여 자유로이 수업하는 것이다.

전자의 경우는 어느 정도 옹색할 것 같은 느낌이 들지만, 단체 생활 등은 학생 시대가 아니면 맛볼 수 없는 것이며, 특히 그 매개체가 체육이라는 점 때문에 쾌히 그쪽을 택하여 인생 항로에 큰 도움을 받고 있는 사람들을 볼 수 있다.

후자는, 장소적으로는 상당한 제한을 받는 느낌이 들지만 매우 자유롭게 자기 자신에 맞는 수업을 즐길 수 있다.

합기도 본부에 입문하여 매일 매일 탄탄한 연습을 하면 1년 반 정도면 초단이 되는 것이 상식으로 되어 있다. 그러나 억지로 권하고 싶지는 않다. 이런 단 따위는 백해무익이며, 뭐니뭐니 해도 학생 시대에 얼마나 체력 단련에 힘을 쏟느냐 하는 것이 중요한 것이며, 합기도에 의해 인간적 향상을 이루는 것이 제일인 것이다.

● 학생 합기도계의 현황

학생 합기도의 비약적 발전은 합기도 인구 저변에 큰 영향을 미쳤다. 근년 20년간 합기도 발전의 원동력으로써 학생 합기도는 참으로 큰 힘이 되었다.

대학에 보급되어 있는 합기도는 더욱 그 저변을 확대하여, 고등 학교로 전진되고 있으며, 학생 합기도 인구는 현역, OB, 또 직접 도장에 소속되어 있는 인구를 더하면 8만여 명에 이를 것이다.

사회인과 합기도

현재에는 합기도에 대한 인식은 사회인 사이에 상당한 힘을 가지고 있다.

● 사회인에게 널리 이해되어 있는 합기도

각 도장에 있어서 합기도 수련자의 평균 연령은 다른 무술에 비하여 상당히 높다. 그것은 움직임이 매우 합리적이고, 완급 자재 등의 이유가 있기 때문에 중년층에게 무리를 주지 않기 때문이다. 또한 연습 시에 시합을 하지 않는데 있어서도 그 원인이 있다.

만일 시합이 있으면 승패에 구애되어 무리한 행동을 할 것이며, 자연히 일과 합기도를 양립하는데 무리한 느낌을 줄 것이다.

또, 사회인은 합기도가 갖는 깊이와 넓이에 매력을 느껴 입문하는 사람이 많다. 때문에 한번 입문하면 자기 나름대로 1년 계속하여 실시

하는 사람이 많다. 이런 합기도에 대한 사회인의 깊은 이해가 형제에
게 합기도를 하도록 하게 하고, 또 다른 사람에게 열심히 전하는 이유가
되고 있는 것이다.

●생활 속에 있는 합기도

현재 사회에서 실시되고 있는 것은 어떤 것이라 해도 현실 생활에 그
것이 흡수되지 않는 것이면 발전을 기대할 수 없다.

그런 점에서 합기도는 서민 생활에 맞는 제 요소를 지니고 있다.

〈정신 수양〉

중년이 되면 여러 생활 경험은 쌓였으나, 젊음에 이길 수 없는 벽을
느끼게 된다. 자기 마음의 단련에 의해 마음에 활력을 불어넣고, 그 힘
으로 그 벽을 돌파하지 않으면 안되는 것이다.

그 마음의 생명력을 높이기 위해서 정신 수양으로써 합기도의 도를
구하는 사람이 많다.

그런 사람들은 자연히, 자기의 심체가 합기도의 체기를 통하여 일치
되어 심신 통일의 기분을 도장에서 구하려 한다. 그것은 합기도를 보다
철학적, 종교적으로 구하는 길이 된다.

때문에 이런 사람들의 합기도에 대한 태도는 보통 사람보다 진지하
며 격렬한 것이다. 한번 문을 두드리면 쉽사리 포기하지 않는 이유도
여기에 있는 것이다.

〈사람의 성격을 바꾸는 합기도
  —— 적극적인 성격, 외유내강〉

합기도를 수업하고 난 후 우울한 성격이 되었다는 사람은 없다. 거의
모든 사람이 밝아지며, 깊이 생각하고 난후 행동하고 침착하게 일을 처
리할 수 있게 되었다고 말한다. 그것은 합기도의 본질에서 오는 것이다.

단전으로 몸의 중심을 내리고, 기를 모으고, 마음, 몸 그 모든 힘을
무한의 경지로 이끌어 내는 그 연습은 인간적인 그늘을 만들지 않는
다.

어떤 사회의 중책을 맡고 있는 사람이 ‘합기도 수업은 사회 경영 성
적과 연관이 있다고 생각한다. 라고 말하는 것은 합기도를 열심이 수업
하고 있는 당사의 사원은 모두 경영 실적이 뛰어나다. 이 사원이 합기
도를 수업하기 전의 일을 생각하면 참으로 고마운 일이 아닐 수 없다’

라고 말했다.

합기도를 수업하고 나서 일의 능률을 올릴 수도 있고 성격도 좋아진 다면 달리 무슨 말이 더 필요하겠는가?

〈건강 관리에 적절〉

합기도를 통한 건강 관리는 마음과 육체의 양면이 있다.

마음의 경우는 기분의 전환 등 앞에서 언급한 그대로이다. 그리고 육체적인 단련은 항상 사용하지 않는 관절을 무리없이 유유히 움직여 유연하게 하기 때문에 속 근육의 결림이 풀리고, 근육, 신경에까지 적당한 자극을 미친다. 이것에 의해 신체 전체의 제 기능의 움직임을 활발히 해 주고, 이는 병의 치유에 결정적인 역할을 한다. 합기도를 하고 난 후 어깨 결림이나 그 외의 결림이 나았다는 이야기는 자주 듣는 이야기이다.

즉 예방 의학의 측면에서도 그 활용을 보여주고 있는 것이다.

〈호신에도 유용〉

현재, 호신에는 2 가지 의미로 나누어·생각할 수 있다.

다른 사람의 폭력으로부터 자신을 지킬 수 있는 것이 그 하나이며, 복잡한 일상 생활에서의 눈에 보이지 않는 위험으로부터 자신을 지킬 수 있는 것도 그 하나이다.

광의의 호신을 이야기 하려면 건강 관리를 들지 않을 수 없다. 그러나, 여기에서는 앞의 것을 주로 설명하겠다.

사회인이 되면 직업상 생각지도 않은 폭력적인 분위기에 말려들게 되는 경우가 있을 것이다. 그럴 때 다년간 수련한 합기도의 완력을 사용하지 않고도 최선의 처리를 할 수가 있다.

'합기도 배우기를 참으로 잘했다고 생각합니다. 만일 그 때 합기도를 배우지 않았다면 힘을 쓰지도 않고 그렇게 훌륭하게 상대를 누를 순 없었을 것입니다.' 라는 이야기를 자주 듣는다.

폭력으로부터 무력을 사용하지 않고 벗어날 수 있었던 것은 합기도에서 수련한 인간적인 위력을 자재로 발휘할 수 있었기 때문이다.

더욱, 일생 생활에서도 안전하고 유쾌함을 누릴 수 있게 되는 것이다. 길을 거닐고 있을 때, '앗'하는 순간 무의식적으로 오른쪽으로 몸을 돌려 굴렀다. 차가 맹렬한 스피드로 도망쳤다. 그 순간적인 몸의 동작은 합기도의 수업으로 몸에 익혀진 기(気)의 움직임의 덕인 것이며, 이와

유사한 예로 자주 감사의 인사를 받는다. 이것은 합기도 수련에 의한 반사 신경의 작용이다. 라고 말하는 사람도 있지만, 점점 복잡해져가는 사회 생활 속에서 우리들은 뜻하지 않은 재해(천재, 인재 등)를 겪게 되는데, 이것에 합기도의 수업을 통하여 몸을 지킬 수 있기를 바란다.

〈합기도를 통한 레크레이션 활동〉

최근, 사회, 관청의 점심 시간, 또는 퇴근, 퇴청 후, 적은 시간을 내어 합기도의 수업을 즐기는 서클이 늘고 있다.

회사, 관청 안에서 전혀 다른 부, 과에 속하여 인사도 나누지 않던 사람들이 합기도라는 것을 통하여 매우 친밀하게 되었다는 이야기는 참으로 정다운 이야기이다.

●사회인이 합기도를 시작하려면

상식적인 선에서 이야기 하자면 대체로 3가지 방법을 생각할 수 있다.

제 1은, 가까운 도장이 있으면 거기에 입문하여 수업을 시작하는 것.

그러나 이것은 가까운 곳에 도장이 없는 경우 매우 난처하다.

제 2는, 만일 지역 체육관 등에서 합기도 서클 활동이 있는 경우 거기에 참가한다.

제 3으로 만일 근무하는 회사, 관청에 합기도부가 있는 경우에는 그 곳에서 수업하는 것이 제일이다.

그러나, 어디에서 합기도 수업을 하건 합기도는 그 지도자에 의해 분위기가 좌우된다.

우선 수업을 시작하는 경우, 그 도장에 있는 지도자에 상당하는 사범을 미리 조사하여, 과연 내가 여기에서 즐겁게 수업할 수 있을 것인가를 잘 생각해 볼 필요가 있다.

특히 사회인인 경우에는 혈기에 넘치는 체력 중심적인 수업보다 마음의 수업을 제 1로 하는 것이 좋을 것이다.

●사회 활동 속에서의 합기도

관청, 사회에 있어서 합기도의 활동은 점점 늘고 있다.

직원 및 역원들이 정규 수업으로써 실시하고 있다. 또는 여가를 이용하여 심신을 단련하고 있다.

경찰 부대, 일반 사회 등 점차 그 저변이 확대되어 가고 있다.

세계로 퍼져가는 합기도

합기도는 세계 각기로 퍼지고 있으며, 그 흐름은 지구를 몇바퀴나 돌고 있다.

●사람의 마음을 서로 통하게 한다

서툰 몇마디 말 보다 실제로 피부를 접촉하고 땀을 흘리는 과정에서 친근감을 갖게 한다. 합기도를 통한 국제 친선, 그것은 국적, 인종의 차별이 없으며 참으로 보기에도 정겨운 광경인 것이다.

〈서로 싸우려는 마음을 만들지 않는다〉

합기도의 움직임에는 무리가 없다. 또, 상대를 억지로 꺾으려 하지도 않는다. 서로 연습할 때는 승부의 집착에 구애되지 않고 상호 일치 융합 속에서 도의 기량을 닦는 것이다.

마음은 몸을 나타내고, 몸은 마음을 나타낸다고 하였던가?, 합기도의 연습을 하면 할수록 안에 강한 힘이 쌓이고 밖은 유연해지는 이상적인 인간으로 성장되어 가는 것이다. 그러므로 비록 그것이 외국인이라 하더라도 합기도를 함께 연습하면 마음을 서로 주고 받게 된다. 사람의 마음은 어느 누구나 모두 다름이 없기 때문이다.

〈속이 깊은 합기도〉

합기도를 연습하려는 외국인의 동기로써는 다음의 2가지 그 원인이 있는 경우가 많은 것 같다.

그 하나는, 적은 사람이 큰 남자를 쓰러뜨리는 신비한 힘을 알기 위해서 라는 생각.

두번째는, 그 신비의 힘을 동경하여, 그것을 통하여 한국 문화에 접촉하고자 하는 구도심. 이 외에도, 그 동기는 매우 진지한 것이 많다.

어떤 미국 대학 교수가 말하기를, '합기도는 마치 움직이는 선의 도이다' 라고 말했다. '나는 이 도(道)를 통하여 동양을 깊이 이해하고 싶다' 라고도 했다.

외국인의 합기도에 대한 열기는 지식인 층에 많다는 것도 그 하나의 특징이다.

〈화합〉

합기도를 통하여 세계 40억 인구가 모두 손에 손을 잡고 싸움이 없는 참으로 평화로운 세계를 이 지구상에 건설하려는 것이다.

합기도를 연습하고 있는 도장, 또는 체육관에서는, 오늘날 국적, 인종에 차별없이 평화 그 자체의 분위기를 이루고 있다.

합기도를 통하여 인류 평화가 1보 1보 다가오고 있는 것이다.

● 합기도의 국제적 동향

합기도 본부를 중심으로 한 합기도의 보급 활동은 세계 각지로 퍼져 갔다.

당초에는 하와이, 프랑스가 중심이 되었으나, 지금에는 세계 약 40여 개국에 합기도 본부가 공인한 각 합기도회가 탄생되었고, 활발한 활동을 전개하고 있다.

그리고 국제 합기도 연맹 준비 위원회가 스페인 마드리드에서 발촉되어, 다음 해 동경에서 제 1회 창립 총회를 개최했다.

현재, 합기도 본부는 각국 합기도회로 지도 사범을 파견, 또는 국제 교류 기금, 국제 협력 사업단 청년 해외 협력 대외 편성 등을 통하여 상호 합기도 교류에 힘을 기울이고 있으며, 그 움직임은 점점 활발하게 실시되고 있다.

제 2 장

합기도의 입문

합기도의 신수(神髓)

합기도를 통하여 심신의 단련에 힘쓰고 있는 사람이 매우 많아졌다. 그 성황하는 모습은 조금 전만해도 가히 상상할 수도 없는 일이었다.

그러나 합기도란 무엇인가 라는 깊은 점까지 사려한 다음 시작하는 사람은 많지 않다.

여기에서는 이 도(道)를 시작하는 시점에 있어서 미리 이해가 되었으면 하는 합기도의 본질에 대해 이야기해 보겠다.

〈합기도는 구도(求道)의 도(道)이다〉

즉, 개조는, 참된 무도는 시대를 초월하여 존재하는 것이다 라는 확신에 근거하여 경기 무도가 아닌 정신 수양의 도로써 합기도를 창립했던 것이다.

그 '구도'의 길에 도달하려면 우주 편재의 원칙과 기(氣)와 인간 호흡과의 일치를 이루어야 하는 것이다.

즉 '우주의 기(氣)'와 '자기의 호흡'을 하나로 한 심신의 통일이라는 극치를 목적으로 하며, 그것을 자기 스스로 체득하지 않으면 안되는 곳에 합기도의 뜻을 두었다.

즉, 우주의 기(氣)라는 자연에 대해 정적으로 조화를 이루고, 한편으로는 동적으로 적응하는 것에 그 테마가 놓여져 있는 것이다. 거기에 이르는 것에 의해 비로소 절대 부동의 자재의 기(氣)가 창성되며, 인간의 힘으로써 잘 발휘되는 것이라고 설명하고 있는 것이다.

〈'기(氣)'와 '리(理)'가 조화를 이루는 정신 단련〉

현재, 합기도가 '기'와 '리'가 조화된 심신 단련의 무술이라고 이해되고, 세계적으로 동호인을 갖게된 것도 이 기본 이념의 일반적인 이해라는 면이라는 것을 간과해서는 안될 것이다.

우리 모두가 '기'와 '리'가 일치된 움직임, 즉 마음의 움직임과 몸의 움직임이 하나가 되지 않으면 이것을 체득했다고 할 수 없는 것이며, 또 체득할 수도 없는 것이다.

이것은 강약을 초월한 절대 경지라는 의미이며, 노력 여하에 따라 누구라도 도달할 수 있는 경지이기도 하다. 그리고 여기에 도달하면 합기도의 인간적인 묘미도 맛볼 수 있게 되는 것이다.

합기도 연무 대회 대회장의 풍경

합기도에 있어서도 여러가지 기술이나 동작이 있고, 그 형에 따라서 상대를 쓰러뜨리고 또는 누를 필요도 있다.

단, 상대를 쓰러뜨리려고, 누르려고 하면 '기'를 빼앗기고 아'(我)'가 나와 마음을 잃게 된다. 우리들이 매일 수업하며 쌓아야 하는 것은 이 것을 경계하여 정신의 자아에 의한 완성을 이루도록 하는 것이다.

● 일상 생활에 있어서의 평상심의 획득

인간은 마음과 몸이 하나가 될 때 생각지도 않은 강한 힘을 낼 수 있 다. 이것은 일반 생활 속에서 자주 체험했을 것이다.

이것은 보통 '이상'한 일이라고 생각되지만, 이것은 이상한 것이 아 니고, 평상시에 발휘할 수 있는 체력과 정신력으로써 미리 갖추어 두

기(気)와 리(理)를 조화있게 사용하는 움직임의 묘(호흡 던지기)

면 매우 바람직할 것이다.

　합기도의 본래 목적은 그러한 것을 자신의 것으로 하기 위한 수업인 것이다.

호흡 던지기

합기도는 단지 기술 습득만이 아니며, 심신 일체의 전능적인 단련이라는 것을 깨달아야 한다.

또, 합기도를 체득한 여성이 뜻하지 않은 위험을 침착하게 처리하고 피할 수 있었다는 예도 수없이 많다. 이 도(道)를 관통하는 기본 이념의 단련이 인간적인 자신을 낳고, 침착한 판단, 그리고 호신으로 연결되는 예는 참으로 좋은 예이다.

합기도의 특질

합기도는 무도에서 출발하면서 그 연습법에 있어서 경기화되지 않았고, 또는 그 기법에 있어서의 동작이 유연하고 끊임이 없는 자연의 흐름에 일치하고 있는 것이 그 특질이라고 할 수 있는 점이다.

●합기도의 골자

현재, 각계의 사람들에게 친숙해져 있고, 더욱 발전이 기대되고 있는 합기도는 한국 무술이라고 하기에는 너무 그 폭이 넓고 깊다.

합기도는 정신적, 종교적인 작업을 한 후, 그 마음의 취지에 따라 몸에 익히고 있던 제류(諸流)의 기법을 정리하며, 엄격함 속에서도 따뜻한 자연의 자애를 느낄 수 있음을 그대로 표현한 것에 합기도의 특징이 있으며, 마음과 육체의 단련도로써의 특수성이 있는 것이다. 이 표현이 있다는 점에서 합기도의 시합적 단련이 불가능한 것이다. 만일 가능하게 하려면 최초 무도로써의 초보 단계에서 사고 방식을 고치지 않으면 안된다.

우리들은 합기도를 수업하며, 전통적이고 좋은 의미에서의 엄격함을 몸에 익혀 인격으로써의 성장을 이룩해야 할 것이다.

●기법과 골자의 관계

합기도의 움직임의 근원은 자기 자신이 자연과 하나가 되어 융합 일체화된 무(無)에서 출발한다. 그러므로 그 움직임은 무리가 없는 자연스러운 동작이며, 그 중심에 있는 기분은 끊임없는 영원으로 계속 이어지고 있다.

합기도의 기법도 또 마찬가지이다. 즉, 결코 무리없는 자연스러운 원을 그리며 도는 동작이며 나선형을 이루고 있으며 끊임이 없다. 합기도를 수업하여 몸에 익힌 마음의 표현에 기(技)가 있고, 심기(心技) 일체의 경지가 일상 생활에 반영되는 때, 합기도의 수업이 잘 이루어진 것이다.

자연의 움직임도 반드시 확실한 축이 중심에 있으며, 그 축을 돌아야 하는 것이다. 합기도의 수업도 그 인간으로써의 중심 만들기가 있으며, 중심에서부터의 무한한 흐름이 사회적인 기와 하나가 되어 접촉으로 큰 효과를 올리는 것이다.

마음과 기(技)가 일치되지 않으면 합기도에 있어서 참된 움직임이라고 할 수 없는 것이다.

〈자연의 흐름에 맞춘다〉

심(心)·기(気)·체(体)를 통일하여 호흡력의 발휘(호흡 던지기)

합기도라는 호칭의 이유도 여기에 있다.

즉 합기란 기에 합한다는 뜻이다. 그러나, 이 '합한다'는 결코 개개의 상대에게 합한다는 것을 의미하는 것이 아니며, 자연의 흐름과 하나가 되게 하는 것이다. 힘에 의하여 다른 강약과 겨루는 것이 아니고, 자기의 인격 완성을 구하는 구도로써의 도(道)인 것이다.

합기도는 정신적인 수업을 한 끝에 이 본자세를 깨달아 일반적인 호칭이 되었다.

〈싸우지 않는 것〉

'실로 잘 익은 벼는 머리를 숙이는구나'── 이것은 사람이 훌륭하게 성장하면 할수록 다른 사람에게 대해서도 더욱 정중해지고, 따라서 접촉하는 사람들은 그 인간적인 면에 공경, 감복하여 따르게 된다는 것을 벼에 비유하여 일컫는 것이다.

합기도의 움직임은 모두 자연스럽고 무리가 없다. 그리고 합기도에 의해 인간적 저력을 키우면 상대와 하나가 되는 이치를 알게 됨으로써 싸울 필요가 없게 된다.

합기도의 수업에 의해 번지르한 논리만이 아닌 성격적으로 침착하게 되어 사물에 대한 바른 판단력이 생기게 되어 합기도의 효용을 깊이 느꼈다는 사람들이 최근에 특히 많아졌다.

합기도에서 나온 심기(心技)는 인간의 성격을 바꾸는 작용도 한다.

〈끊임이 없는 흐름〉

합기도의 움직임은 매우 조화가 잘 이루어져 있으며, 그 흐름은 정지한 후에도 계속 흐르고 있는 듯한 느낌을 주기에 충분하다.

합기도 기술의 특징은 그 흐름이 자연과 일치된 영원성을 유지하여, 사람의 성격조차도 변화시키는 데 매우 뛰어나 있다는 것이다.

●합기도 발전의 분석

최근 합기도 발전의 원인으로 생각되어지는 것이 매우 많다. 그 중요한 것을 예로 들어 보면 유연한 움직임과 폭이 넓다는 것이다.

기법의 변화를 보면 참으로 변화 자재롭고, 고정되어 있음이 없이 하나의 기(技)에서 무수한 변화를 생각하게 한다. 이것은 머리를 유연하게 하는 예비 운동이라고도 생각할 수 있다.

머리를 유연하게 하고 몸을 유연하게 하면 언제까지나 젊음을 유지할 수 있게 되며, 합기도의 수련이 즐거워지게 되는 것도 당연한 것이다.

어린 아이에서부터 80세 고령의 노인에 이르기까지 어떤 계층의 사람이라도 즐겁게 연습할 수 있는 것으로써, 합기도는 터득하기에 자유로운 것이다.

누군가가 합기도는 강하게 치면 강하게 울리고, 약하게 치면 약하게 울리는, 그것은 만인을 위한 합기도이다 라고 나에게 말한 적이 있는데, 그 사람 각각의 입장, 상태에 맞게 합기도는 좋은 결과를 주는 것이다.

도장에는 4, 5세의 어린이가 있는가 하면, 80세의 노인도 아주 즐겁게 수련하고 있다. 무엇이라고 말할 수 없는 즐거운 분위기라고 말할 수 있는 것이다.

검(劍)·체(体) 일치의 묘

실기 입문의 기초 지식

드디어 실기를 몸에 익히려면 우선 머리로 알고, 그것을 실기의 연습에 의해 내면화 하지 않으면 바른 의미에서의 자기 것이라고 할 수 없다.

그 중요한 것을 다음에 들어 보았다.

●기(気)·심(心)·체(体)의 통일

합기도의 움직임은 모두 기(気)와 심(心)과 체(体)가 기초가 되어 있다. 이들이 항상 하나가 되어 움직이지 않으면 기술은 좀처럼 능숙해지지 않는다.

〈기(気)란〉

합기도에서는 이중에서도 '기(気)'를 중요시 한다. 이 '기(気)'는 인간이 행동하는 경우에도 중요하다.

옛부터 '기(気)'라는 말은 동양적인 표현으로써 사용되어 왔는데, 현재 우리들의 주변에서도 '기(気)가 강하다' '기(気)가 맞지 않는다' '기가 잘 듣는다' 등, 무수하게 사용되고 있다.

예를 들어, 화재가 발생했을 때 허리가 꼬부라진 할머니가 보통으로 생각할 수 없을 정도의 힘으로 무거운 것을 들어 올리는 이상한 힘을 냈다며, '기(気)를 발휘했다' 라고 일컬어지고 있다.

합기도에서도 이 기를 내는 것을 매우 중요시 한다. 기(気)는 마음의 움직임을 표현하는 힘이기 때문에 표현력이 강하면 강할수록 그 인간적인 저력이 강해진다.

〈심(心)이란〉

옛부터 모든 사물에는 '심(心)'이 있다고 일컬어져 왔다. 따라서 '심(心)'이 없어진 때 그것은 죽음을 의미했다.

고로, '심(心)'은 우리들 입장에서 말하자면 인간 그 자신이며, 자아인 것이다.

고로, 심(心)을 단련하는 것은 즉 그 인간 자신을 단련하는 것이며, 단련하는 도(道)가 바르면 인간은 무한히 성장한다.

그러나 심(心)은 그것이 담겨지는 체(体)라는 것이 없이는 존재할

통일된 호흡력을 내는 것은, 합기도 기법의 생명이다.

수 없다. 고로 심(心)의 단련은 동시에 체(体)의 단련이 되는 것을 선택하지 않으면 안된다는 것을 명심해야 하는 것이다.

〈체(体)란〉

아무리 심(心)을 주류로 단련해도 체(体)가 거기에 동반되지 않으면 인간으로써의 가치는 소멸된다.

그것은 동시에 몸만을 단련해도 그 안에 있는 심(心)이 훌륭하지 않으면 사회 생활에서 살아남을 수 없다.

심(心)과 체(体)의 관계는 그릇과 그 안에 담기는 것과 같이 밀접한 것이기 때문에 이 2가지는 서로 연관지어 훌륭하게 단련해야 한다.

〈자연과 하나 – 기(気)·심(心)·체(体)의 삼위 일체〉

합기도의 체기(体技)는 자연과 하나가 되는 것을 궁극의 도(道)로 삼으며, 그 목적은 심신 통일에 있다.

마음을 단련하고, 그것이 담겨지는 몸을 단련하고, 그리고 마음에 무한한 활력을 주는 절대적인 기력을 낼 수 있도록 하면 우리 인간은 참으로 두려운 것이 없어지게 될 것이다.

소위, 기·심·체의 삼위 일체의 경지에 의해 용출되는 큰 힘을 날마다 수업하므로써 얻으려는 합기도는 자기 향상으로 연결되며, 사회 생활상에서도 보다 유용한 도(道)의 하나가 될 것이다. 오늘날 합기도가 널리 보급된 원인 중에는 이것이 클 것이라고 생각한다.

●힘을 내는 방법

합기도에서의 힘은 체력, 팔의 힘만이 아니고 기력, 심력 등 통일된 인간적 무한의 힘을 말한다.

〈인체의 중심〉

합기도의 움직임은 거의 원 운동이라고 말할 수 있다. 원을 도는 것은 중심에 큰 영향을 미친다.

몸에도 그 중심이 되는 곳이 있음은 당연하다. 거기를 몸의 중심(重心)이라고 부르고 있다. 동양에서는 옛부터 이곳을 단전이라고 칭했다.

이 중심이 단단한가, 단단하지 못한가에 의해 몸의 움직임이 좌우된다.

이 중심이 있는 곳에 사람으로써의 기, 심, 체가 통일된 활력원을 두고, 무한의 힘, 무한의 동작을 전개한다.

합기도에서는 이 활동원을 단단히 고정시키는데 중요한 의미를 두며, 이것을 도외시 하고는 능숙해질 수 없다.

〈힘은 내는 것이지 집어넣는 것이 아니다〉

아무리 위대한 힘이 있어도 인체에서부터 그것을 밖으로 발휘하지 않으면 접촉하는 사람들은 아무런 느낌을 받을 수 없다. 훌륭한 지식을 가지고 있고, 훌륭한 인격을 몸에 익히고 있어도, 다른 사람이 그것을 인정하지 않으면 갖고 있지 않은 것이나 마찬가지이다.

합기도에서는 기의 힘을 내고, 마음의 힘을 내고, 몸의 힘을 내어 끊임없이 이들의 힘을 통일 집중시키려는 것을 목표로 연습한다.

이 힘을 낼 수 있을 때 비로소 상대를 자재로 다룰 수 있게 되기 때문이다.

〈합기도에 강력(剛力)은 필요없다〉

'쌀알을 3개 정도 들 수 있을 정도면 합기도는 충분히 능숙해 질 수 있다. 이것은 창시자가 건재해 있을 당시 늘상 말하던 것이다. 그 의미는 합기도가 능숙해지는 데에 완력의 세기는 필요하지 않다는 것이다. 매우 뛰어난 체력, 완력이 강한 사람은 그 힘에 의존하여 합기도의 훌륭한 연습을 자칫 잊고 게을리 하는 경우가 있다, 따라서 능숙해지는 데에 상당히 늦어지는 결과가 되며, 만일 그런 경우가 생길 바에는 오히려 힘은 없는 편이 좋을 것이다.

● 호흡력

호흡은 사람의 생명을 유지하는데 있어서 절대 필요한 것이다. 게다가, 코, 입만이 아니고 피부 등 몸 전체를 통하여 호흡을 하고 있다. 그 호흡의 강약으로 인간의 생명력이 판단된다.

합기도에 있어서는 호흡력은 독특한 용어이며, 사람의 호흡과 마찬가지로 합기의 생명력이라고도 말할 수 있을 것이다.

〈합기도의 생명력〉

인체의 중심, 단전에 의해 내는 기력, 심력, 체력 모두 통일 집중된 무한의 힘을 합기도에 있어서는 호흡력이라고 부르며, 이 힘이 통하는 것에 의해 무수한 각 기법이 생겨나는 것이다.

〈수도(手刀)를 통하여〉

이 호흡력은 합기도에 있어서, 물론 몸 전체에서 발휘되지만, 주로 수도(手刀)를 통하여 각 기법이 생기며, 상대를 제압하게 된다.

호흡력이 강하게 나오고 있는 수도(手刀)는 무기를 사용하는 것 이상의 활력을 발휘한다.

〈주요한 수도(手刀)의 움직임〉

합기도의 움직임의 극치는 검의 움직임을 정밀하게 재현하는 것이라고도 일컬어지고 있다. 도수(徒手)에서 말하자면 합기도이지만, 검을 쥐면 합기 검법이 되어 거기에는 서로 상통하는 것이 있다.

따라서 도수(徒手)로 실시하는 합기도에 있어서 손은 검과 같은 것이며, 수도(手刀)를 통하여 모든 기법을 구현하는 것이다.

상대의 공격력을 소멸시키기 위한 움직임이 수도의 기법

손목을 젖혀 몸을 전환
하면서 상대를 당긴다.

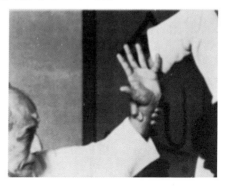

아랫쪽으로 찔러 올린다.

상대의 측면으로 내찌른
다.

아랫쪽으로 쳐내듯이 내
찌른다.

　수도(手刀)에서는 단지　손바닥 부분 만이 아닌　팔꿈치에서 끝까지
를 말하며, 수도부(手刀部), 장저부(掌底部), 요골부, 척골부　모두가
무기가 된다. 이들이 총합적인 움직임으로써 충분히 살아나는 것에 의
해 기(技)가 생기게 되는 것이다. 또, 팔만을 움직이는 것이 아니고 축
을 단단히 고정시킨 몸 전체적인 움직임을 실시하지 않으면 안된다.
　수도(手刀)는 상대의 공격을 받아 막고, 또는 막아내리고, 또는　쳐
내는 역할을 하며, 다른 공격으로 이동되는 경우가 많기 때문에 그 움
직임에는 여러 가지가 있는데, 어디까지나 기본은 흐르는 듯한 원의 움
직임이다.

● 반신(半身)·입신(入身)·발놀림

합기도를 연습하는데 있어서 미리 알아두어야 할 용어는 매우 많다. 그러나 여기에서는 가장 합기도 기법의 특징이 되는 것을 2, 3가지 점에 있어서 다루어 보기로 하겠다. 다른 기법 설명은 필요에 따라 구해 보기 바란다.

〈반신(半身)〉

합기도에 있어서는 상대에 대해 반드시 반신(半身)의 자세로 준비한다. 왼발을 약 반보 앞으로 내디디면 '왼쪽 준비 자세', 오른발을 내면 '오른쪽 준비 자세'가 된다.

합기도의 기법은 모두 어떻게 움직이든, 연쇄되어지는 반신(半身)의 움직임이며, 정지된 경우는 반신(半身)의 준비 자세로 자리한다.

〈입신(入身)〉

합기도는 어느 기법에서나 입신(入身)과 손, 발의 놀림이 잘 조직되어 있다.

입신(入身)은 사람과 사람이 서로 스치는 그 관계 속력을 교묘히 이용하면서, 상대가 정면 공격으로 해 오는 선을 벗어나, 상대의 측면 사각으로 들어가 적을 제압하는 움직임이다.

입신(入身)의 대표적인
움직임

몸놀림의 대표적인 움직임.

이 입신(入身)의 움직임을 몸에 잘 익혀 두면 상대가 무기를 가지고 공격해 들어와도 쉽게 손가까이에서 벗어날 수가 있다.

〈발 놀림〉

합기도 기법의 발 놀림은 항상 원으로 돌며 구전(球転)한다. 입신(入身)으로 상대의 측면으로 들어가 자기를 중심.으로 하여 둥글게 발을 놀리면서 상대의 몸을 그 둥근 원주 위에서 쳐부수는 기술은 합기도 기법의 공통점이다.

여기에서 합기도의 발 놀림은 다른 것에서 볼 수 없는 화려함이 있다는 큰 특징을 알 수 있다.

한편, 직선으로 들어가는 입신의 움직임에서도 나선적인 원 운동을 하지 않으면 큰 기로 연결되지 않음을 주의해야 한다. 합기도의 둥근 움직임은 매우 중요하다. 또, 합기도에서는 둥글게 놀리는 기술을 전환이라고 부르고 있다. 따라서 합기도의 기법은 입신(入身)으로 상대의 측면 사각에 들어가 둥근 전환으로 상대를 제압한다. 소위 입신 전환의 극의에 이르는 것이다.

●기(気)의 명칭

합기도의 기(技)는 매우 변화가 많으며, 현재에도 새로운 움직임이 나오고 있는 정도이다. 그러므로 모든 기(技)에 이름을 붙히고 있지는 않다.

그러나 중심이 되는 기법에 대해서는 명칭도 확립되고 정착되어 있다. 여기에서는 각 기법의 흐름에 따라 적절한 명칭을 대략 실어두었다.

또, 합기도의 기법은 모두 음, 양, 즉, 속, 겉의 두면으로 나누어 생각할 수 있다. 속이란 직접적인 입신을 주로 하는 것이며, 겉은 둥근, 합기도 기법의 특징이 되는 기술을 주로 하고 있다.

●상호간의 예

합기도는 시합을 하지 않기 때문에 연무가 매우 중요시 되고 있다. 연무에 있어서는, 심(心)·기(気)·체(体)의 통일이라는 엄격함이 요구되는데, 그를 위해서는 우선 쌍방 모두 상대에 대한 예의 동작이 매우 중요한 것이다.

여기서는 '합기도 연습시의 마음 가짐'이 합기도의 정신을 잘 나타내 주고 있으므로, 다음에 실어 소개하기로 한다.

1. 합기도는 일격 극기로 생명을 제압하는 것이므로 쓸데없이 힘을

례의가 엄숙한 합기도의 가장 초보적인 마음 가짐

① 정좌는 근육을 쭉 펴고 턱을 당긴다.

② 례는 상대를 해주어 감사하다는 기분을 잘 나타내도록 한다.

③ 상대와의 사이에는 1보 무릎으로 걸어 수도(手刀)가 약간 교차할 정도.

④ 초보자끼리의 경우는 2명이 서로 기(技)를 건다.

겨루어서는 안된다.

2. 합기도는 하나를 가지고서 만(万)에 대항하는 도(道)이므로 항상 사방팔방에 대해 주의를 기울여야 한다.
3. 연습을 유쾌하게 실시해야 할 것이다.
4. 교도(敎導)는 성실하게 그 일단을 가르쳐 주는 것에 지나지 않으며, 이것을 활용하는 묘는 자기의 부단의 노력에 달려 있다.
5. 연습은 우선 몸의 변화에 의해 시작하고, 마침내 강도를 높여 신체에 무리가 생기지 않도록 해야 한다.
6. 합기도는 심신을 단련하고, 지성(至誠)의 인간을 만드는 것을 목적으로 하며, 시정 무뢰한들이 악용하지 않도록 해야 할 것이다.

실기 단련의 과정

합기도에서는 실기를 몸에 익히는 연습법의 흐름으로써, '앉은 기' '반신반립기(半身半立技)' '입기(立技)' '무기에 관한 기'의 4 가지로 크게 나눌 수 있다.

1. 앉은 기

서로 마주 앉아 실시하는 연습기를 '앉은 기'라고 한다.

〈앉는 것〉

무사 계급에서 생활 습관으로써 '앉는 것'이 큰 장을 차지하고 있었다. 합기도는 그 무사 계급 속에서 발전한 무술을 토대로 하고 있기 때문에 단련법 중에 차지하는 '앉은 기'의 중요함은 말할 필요도 없다.

우선, 앉으려고 할 때는 양발의 엄지발가락을 겹치고, 턱을 당기고, 정면을 보고, 등 근육을 바르게 하여 중심을 안정시키면서 허리를 뒤꿈치 사이에 바르게 앉힌다. 이 때 무릎과 무릎 사이를 자신의 주먹쥔 것이 2 내지 3개 정도 들어갈 정도로 벌리고, 극히 자연스럽게 앉는 것이 제 1 이다.

이 정좌에서 동작을 시작하는 경우, 우선 발끝을 세우고, 그 움직임의 중심은 무릎 관절에 두고, 무릎, 허리 등 몸의 각 점이 일치 통일되도록 움직여야 한다.

〈앉은 기가 갖는 의미〉

합기도에 있어서 '앉은 기'는 기본중의 기본이라고 할 수 있다. '앉은 기'를 자유로이 구사할 수 있게 되면 그만큼 발, 허리도 단련되고, 중심의 이동에도 흐트러짐이 없이 되고, '입기(立技)' 등이 쉬워지게 되는 것이다.

합기도에는 침기적(寢技的)인 단련법은 없지만, 그것은 이 '앉은 기'

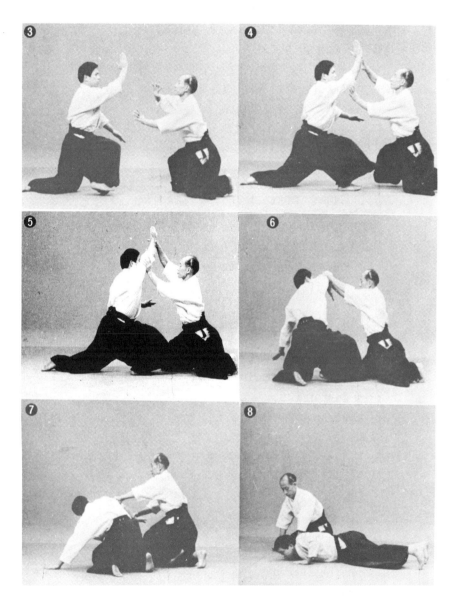

의 단련으로 충분히 보충된다고 볼 수 있다.

　게다가, 정좌는 예의, 바름을 연상시키는 것이기도 하며, '앉은기'가 합기도에서 갖는 이미지는 매우 큰 것이다.

◆정면 치기 팔 누르기

앉은기는 합기도 독특의 단련법이며, 가장 기본이 되는 기법이다. 그것은 몸의 중심을 잡는 방법, 호흡력 내는 방법, 중심 이동법, 발끝 움직임 등, 합기도의 제 1 보가 된다.

그것의 대표적인 예로써, 정면 치기 팔 누르기의 표기(表技)를 실시해 보자

〔기법의 개요〕

이것은 쌍방이 앉은 자세에서 상대가 수도(手刀)로 쳐오는 것을 양 수도(手刀)로 제압하고, 상대방의 측면에 무릎으로 몸을 진행시키면서 더욱 상대의 한쪽팔을 양손으로 눌러 제압하는 것이다.

구체적인 몸의 움직임에 대해서는 나중에 서술할 것이지만, 처음에는 상대의 팔을 잡지 말고 수도(手刀)로 제압할 것, 그리고 최후에 가서 비로소 잡도록 할 것. 자기의 양손을 지침대로써 이용하여 상대의 정면으로 들어가는 입신의 형으로 전진, 거기에서 측면 사각으로 들어가는 몸의 움직임이 중요하다.

앉은 기에는 안정된 중심과 바른 자세가 불가결하며, 그를 위해서는 반복하여 연습하고, 대퇴부의 근육이나 복근, 등 근육 등을 강화할 필요가 있다.

2. 반신 반립기(半身半立技)

서서 공격해 들어오는 상대를 앉은 채 자재로 누르고 던지는 기(技)를 '반신 반립기'라고 한다. 이 움직임을 완전히 몸에 익히는 것은 합기도에 있어서 중요한 단련의 하나이다.

〈반신 반립기가 갖는 의미〉

선 상대를 앉은 자세에서 제지하는 것이기 때문에 선 경우 보다 더욱 민첩성과 안정성이 요구된다.

옛날, 다수의 사람을 상대로 했던 사람이 상대의 아래를 빠져나가 적당하게 다루었다는 이야기도 있는데, 합기도에 있어서도 이 움직임을 단련해 두면 앉은 기, 입기(立技) 등 다른 움직임이 매우 용이해진다.

〈기술을 몸에 익히는 것〉

반신 반립기의 경우 매우 자주 움직이는 기술이구나 하고 생각하겠지만, 입기(立技)의 경우에 비해 반 정도밖에 움직이지 않는 것이 통례이다. 몸의 전환, 입신, 스피드 등, 앉은 채 자재로 움직이면, 상대가 무기를 가지고 있어도 충분히 자신을 지킬 수 있을 것이다.

◆한쪽손 잡아 사방(四方) 던지기

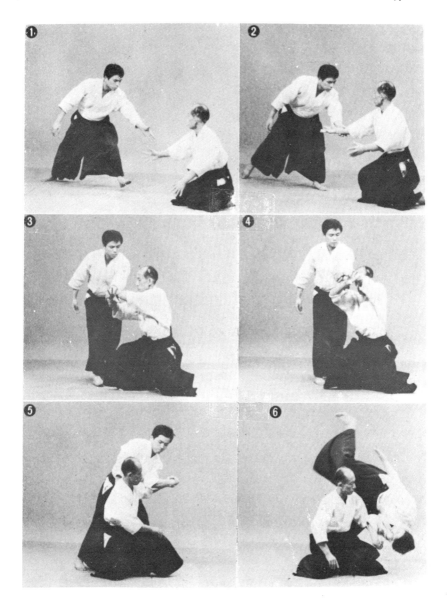

　상대가 선 채 손목을 잡고 공격을 가해오는 경우, 앉은 채의 자세에
서 이것에 대응하려는 것이다.

앉은 그대로의 자세에서 대응한다는 것이 용이한 일은 아니지만, 이
움직임에는 서서 공격하는 상대를 자재로 조작하여야 한다는 명제가 있
기 때문에, 합기도의 기본인 반신의 자세를 유지해야 하는 것이 그 기
본이다. 여기에서 '반신 반립기'라는 기법의 이름이 붙여지게 된 것이
다.
    이것도 합기도 독특한 연습 방법이라고 할 수 있다. 지금 여기에 대
표적인 예의 하나로써 한쪽손 잡아 사방 던지기를 들어보았다.
    〔기법의 개요〕
    오른손 손목을 잡아 공격해 들어 오는 상대의 왼쪽 손목을 왼손으로 잡고, 오른
쪽 무릎을 일보 왼쪽 측면 앞쪽으로 벌리듯 이동시키고, 더욱 오른팔을 수도(手
刀) 상태로 흔든다.
    다음에, 몸을 왼쪽으로 (180도 회전시키면서 양팔을 통하여 잘라내려 상대를 쓰
러뜨리는 것이 이 기법의 일련의 움직임이다.
    기의 포인트는 우선 몸의 이동, 무릎에 의한 이동에 의해 상대의 품 속으로 들
어가, 그 자세를 무너뜨리는 것을 명심할 것. 그리고, 몸을 돌릴 때 상대의 왼손
손목을 비틀어 이끌어 내는 것이 효과적이다.
    반신반립기는 상대는 서있을 뿐이고 그 움직임은 자재이다. 이것에는 바른 자세
와 낮은 중심으로 대응하고, 자기의 오른손 수도(手刀)를 통하여 호흡력을 단단히
내어 상대를 무너뜨리면서 자신의 몸을 안정시켜 돌리는 것이 중요하다.

3. 입기(立技)

    상대의 공격을 서서 자재로 기술을 사용하여 던지고, 누르는 기를
'입기'라고 하며, 매우 다수의 기법에 의해 구성되어 있다.
    〈무한한 수로의 변화〉
    약간의 팔의 변화로 전혀 다른 기가 생기도 것도 입기이며, 한 점을

중심으로 한 그 기술로 새로운 기술로의 가능성을 무한하게 . 포함하고 있다. 합기도의 기의 맛을 느낄 수 있는 것도 이 입기(立技)에서 라고 할 수 있을 것이다.

〈앉은기, 반신반립기, 입기의 연결〉

합기도의 기는 앉은기, 반신반립기, 입기 모두가 공통으로 전개된다. 앉은기에 있는 것이 다른 것에도 있다는 이야기이다.

앉은기, 반신반립기에서 단련해 두면, 중심 잡는 방법, 그 이동, 발 허리 등, 입기(立技)에서는 매우 큰 도움이 되는 것이다.

◆찔러 들어가 몸 던지기

입기는 뭐니뭐니해도 합기도 기법의 꽃이다. 이 고전적인 것으로써 찔러 들어가 몸 던지기를 들어보았다.

〔기법의 개요〕

상대가 오른쪽 주먹으로 찔러 들어오는 것을 왼발을 일보 전진시켜 찌르기를 반신으로 피하고, 상대의 오른쪽에 들어가 몸을 넣고, 더욱 오른발을 일보 내디뎌 넣어 쓰러뜨린다.

입신으로 들어갈 때는 상대의 찌르기를 두려워하지 말고 행동을 일으키고, 반드시 1보 내디뎌 들어갈 것.

입기(立技)는 상대가 치며 들어오는 경우, 찌르며 들어오는 경우, 그 외 많은

경우와 여러가지 상황을 상징할 수 있는데, 이 기초가 되는 것이 '앉은기' '반신반
립기' 이다.

4. 무기에 대한 기

상대가 무기를 들고 공격해 들어오는 경우, 도수(徒手) 또는 무기로 상대를 제압하는 기술로, 입신으로 상대의 측면으로 들어가는 것이 제일 먼저 할 일이라고 알려져 있다.

〈도수(徒手)의 연장으로써〉

도수 기법으로 상대에게 무기를 들도록 하고 그 기법을 전개하면 좋다. 맨손으로 그 기 자체를 생각하며 동작하면 된다.

그 움직임은 입신 즉 반신 보다 조금 무겁게 들어가서 찌르는 형이라고 전환에 의한 무기의 원 운동을 생각하면 된다.

〈사이가 중요〉

도수의 움직임으로 무기를 든 상대와 대결하는 것이므로 상대와의 간격이 매우 중요하다.

여기에서의 사이는 상대와의 직선적인 거리만이 아니고, 지형적으로도, 시간적으로도, 상하의 공간 등 모든 면에서 상대를 자재로 제압하기 쉬운 입장을 취해야 하는 것이다.

합기도에서는 기(気)의 간격, 심의 간격, 지물, 거리 등 모든 간격이
이 기법 하나 하나에 연관된다.

〈모든 무기를 이용할 수 있는 합기도〉

'합기도에서는 검을 들고 하면 합기 검법이 되고, 봉을 들고 하면 합
기 봉법이 된다. 모든 무기를 충분히 사용할 수 있어야지만 비로소 합
기도를 단련했다고 말할 수 있는 것이다.

그것은 합기도의 움직임이 천지의 진리와 합치되어 있기 때문이다'
라고 자주 말하였다.

따라서 합기도의 무기는 대략 원을 도는 특수성을 지니며, 매우 넓
은 폭의 움직임을 포함하고 있다.

◆칼에 의한 정면 치기로 공격해 들어오는 적 제압하기

합기도의 무기로써는 검, 봉, 창, 단검 등이 있으며, 이것은 무기를
들지 않고 제압하는 경우와 무기를 들고 대응하는 경우 2가지가 있다.

무기를 든 경우는, 무기 기법을 취하여 상대의 다양한 공격도 제압
할 수가 있다.

단, 합기도에서는 무기를 도수의 연장으로써 보며, 도수 기법을 완전
히 익혀 두면 무기가 특별한 것이라 해도 걱정할 필요는 없다.

그 대표적인 것으로써, 칼을 들고 정면으로 치며 들어오는 적을 상대
하는 방법을 예로 들어보았다.

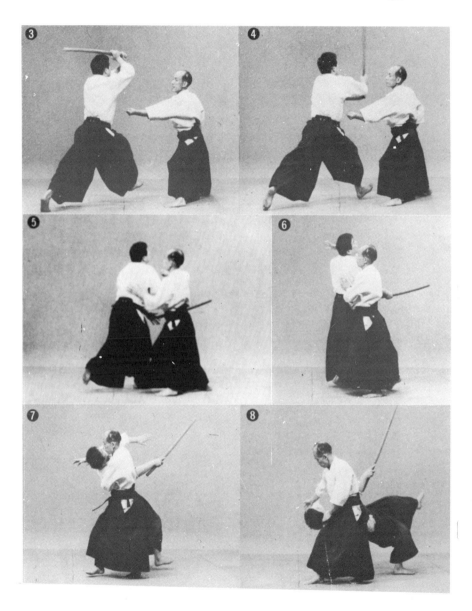

[기법의 개요]

상대가 칼을 가지고 정면에서 공격해 들어오면, 상대의 오른쪽으로 몸을 집어넣으면서 상대를 쓰러뜨린다.
  입신을 하여 적을 쓰러뜨리는 것이 중요하다. 상대의 사각(死角)의 측면으로 자
신의 몸을 넣어 상대의 힘을 소멸시키면서 옆으로부터 공격하여 적은 힘으로 쓰
러뜨리는 것이다.
  여기에서는 상대가 무기를 들고 있기 때문에 사이를 잘 유지하는 방법에 충분
히 주의를 해야 한다. 입신으로 들어갈 때 반드시 몸을 상대에게 붙이고 들어가
는 것이 중요하다.

제 3 장

준 비 운 동

부드럽게 하는 동작

소수(小手) 돌리는 법

'합기도 연습상 명심해야 할 것'에서 말한 것과 같이, 연습을 시작함에 있어서 몸의 각부를 유연하게 하여 급격한 동작 때문에 일어나는 장해를 없게 하도록 해야 한다. 이때 손목 관절은 제일 처음 유연하게 해두어야 한다.

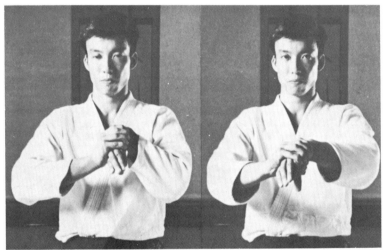

손목은 한계 끝까지 구부린다. 그리고 추와 같이 제자리로 돌릴 것. 구부릴 때는 왼쪽 팔꿈치를 내린다.

소수(小手) 젖히는 법

이 소수(小手) 젖히기 법과 소수(小手) 돌리기 법은 합기도 독자의 관절 유연 운동이다.

가슴 높이의 왼쪽 손목을, 오른손 엄지를 왼손 약지와 새끼 손가락의 뿌리보다 아래에 위치시키고, 오른손의 다른 4개의 손가락이 왼손의 엄지의 뿌리를 싸도록 바깥쪽에서 잡는다.

다음, 오른손 각 손가락에 힘을 넣고 왼손의 손바닥을 자신의 앞쪽으로 비틀듯이 젖힌다.

또, 당연한 이야기이지만, 좌우 양 손목 모두에 실시한다.

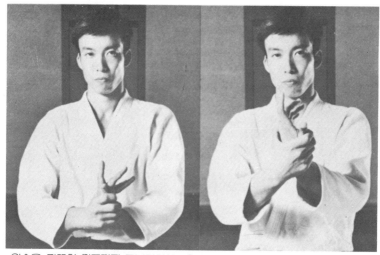

왼손을 팔꿈치 윗쪽까지 구부리면서, 오른손의 힘을 빼고 추와 같이 천천히
되돌린다. 이것을 반복한다.

슬행(膝行)

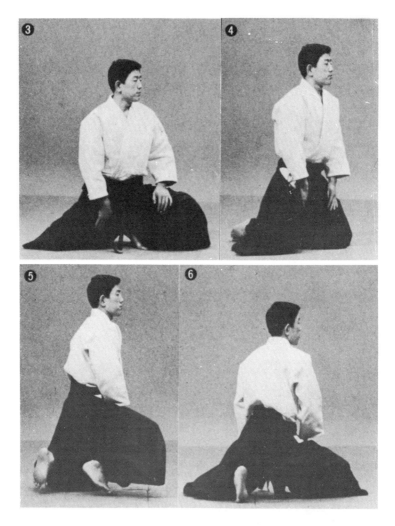

앉은 자세를 흐트러뜨리지 않고 몸을 이동시키는 것을 슬행이라고 한
다. 합기도에서는 앉는 기가 큰 비중을 차지하고 있기 때문에 매우 중
요한 동작이다.

　이것은　정좌에서 발끝을 세워 허리를 들어,　오른쪽　무릎을　축으로
90도 내고 반신(半身)의 자세가 된다.　이것을 반복하여 연습하며 전진,
후퇴,　전환하도록 한다.

수신(受身)

수신이란 몸이 흐트러져 쓰러지려 할 때 그 지면으로부터의 충격을 적게 하여 몸을 보호하는 기법이다. 이것은 항상 자신의 주체성을 유지하면서, 상대에게 쓰러지는 힘의 방향을 이용하여 저항할 수 있는 것으로 기법 연습에는 빼 놓을 수 없는 것이다.

수신에는 앞으로 쓰러지는 '전수신(前受身)', 뒤로 쓰러지는 '후수신(後受身)', 옆으로 쓰러지는 '횡수신(橫受身)'이 있다.

여기에서는 합기도 기법의 성격에서 보아 가장 많이 쓰이는 전후 수신을 설명하겠다.

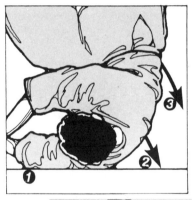

〔원 포인트〕
팔을 지침으로 해서 팔꿈치, 어깨, 허리의 상태가 순차로 지면에 닿아, 둥근 상태를 유지하며 뒹굴어야 한다.

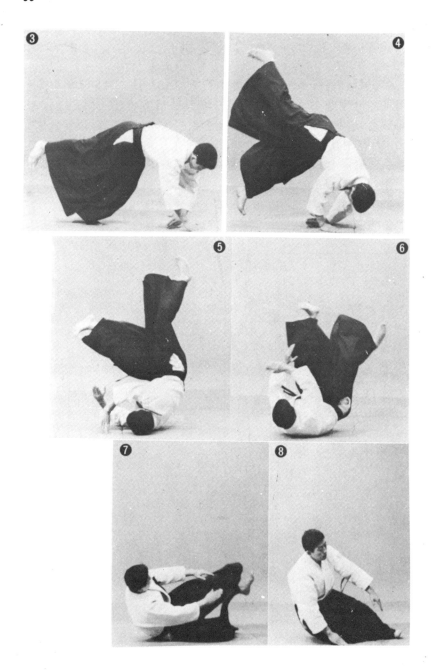

전수신(前受身)

전수신(前受身)은 앞쪽으로 구르는 전전과 엎드리는 전복(前伏)의 2가지로 나뉘어진다. 그러나 합기도 기법에 있어서 전복 수신은 기의 전진과 함께 자연스럽게 체득될 수 있는 것이므로 여기에서는 전전 수신만을 설명하겠다.

〔기법의 개요〕

①－② 극히 자연스럽게 걸으면서 앞으로 낸 오른쪽발의 끝을 안쪽으로 향하고, 체중을 앞으로 걸어 몸을 쓰러뜨린다.

③－⑥ 손가락 끝을 안쪽으로 향한 수도(手刀) 상태에서 반대쪽은 손바닥으로 체중을 지탱하듯이 붙이고 전신을 회전시킨다.

이 때 공포심이 동반되면 자칫 팔꿈치가 꺾기거나 하므로, 이렇게 되면 위험하므로 주의해야 한다.

⑦－⑩ 회전한 자세를 흐트러뜨리지 않고 그대로 일어나기까지의 동작이다.

이를 위해서는 어디까지나 둥글게 호를 그리듯이 전신을 회전시켜야 한다.

〔요점〕

수신은 결코 어려운 것이 아니며, 자연스럽게 넘어졌다가 일어난다고 생각하면 동작에 그다지 무리가 없이 잘 할 수 있을 것이다. 턱을 당기고 전신을 둥글게 하는 것을 명심해야 한다.

후수신(後受身)

합기도 기법은 팔을 잡아 앞으로 쓰러뜨리는 경우가 많다. 여기에서 전수신이 중요시 되지만, 뒤로 쓰러지는 경우도 있으므로 후수신(後受

身)을 알아두지 않으면 위험하다.

여기에서는 2가지 경우를 생각할 수 있다.

즉, 뒷쪽으로 둥글게 뒹굴어 그대로 뒷쪽으로 일어나는 것과, 뒷쪽으로 뒹구는 도중 등까지 지면에 대고, 그 지점에서 반동을 주어 앞쪽으로 일어나는 방법이다.

합기도의 연습에 있어서는 후자의 경우가 매우 많다. 왜냐하면 후자의 방법이 기술이 고도화된 것이기 때문이다. 그러나, 전자를 습득하는 것에 의해 후자도 간단하게 되므로 여기에서는 전자를 예로 설명하겠다.

〔기법의 개요〕

①-④ 똑바로 선 상태에서 무릎을 굽혀, 우선 전부(臀部)가 지면에 닿을 때까지의 동작이다. 전수신과 마찬가지로, 턱을 당기고 전신을 둥글게 하는 것이 수신의 기본이다.

전부(臀部)는 되도록 뒤꿈치 그 옆으로 내리도록 하는 것이 중요한데, 그것과 동시에 양손을 앞으로 내찌른다.

⑤-⑩ 착지하여, 그 자세로 단숨에 뒷쪽으로 일어난다.

우선 전부(臀部)부터 접지한 다음, 다음에 허리, 등, 어깨와 같이 전수신과 반대의 순서로 접지하는데, 어디까지나 그 세력에 의해 일어나는 것이므로 몸을 둥글게 하고, 부드럽게 움직여야 그 세력이 잘 살 것이다.

〔요점〕

수신를 하는 경우는 모두 상대로부터 던져지는 경우이다. 그것은 단순히 던져진다는 수동적인 것이 아니고, 자타 하나가 되듯, 상대와의 타이밍을 맞추어야 하는 것이 중요하다.

〔원 포인트〕

가능한 한 뒤꿈치 옆으로 전부(臀部)를 내리고, 몸을 둥굴게 할 것. 또, 턱을 당겨 뒷머리 부분이 닿지 않도록 한다.

몸의 회전법

안정된 자세에서 몸을 자유로이 돌리고 기술을 거는 단독 연습 방법. 이 방법은 일반적으로 전후 좌우 4 가지로 되어 있다. 이것을 더욱 세분하면, 하나의 발을 축으로 하고 있기 때문에 8 가지, 16가지로 무한하게 발전 변화시킬 수 있다.

뒤 전환법

전환법은 상대에게 팔을 잡혀 눌리거나 당겨지거나 하는 경우 그

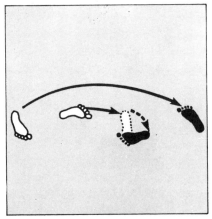

〔원 포인트〕
　우선 왼발을 90도 내디뎌 축으로
하고, 이어 오른발을 둥글게 뒷쪽으
로 당겨 돌리며 등면 오른쪽 돌기로
90도 전환한다.

　힘을 교묘하게 이용하여 상대의 측면으로 들어가는 것이다.
　여기에는 90도, 180도, 270도, 그리고 360도 전환하는 방법이 있는
데, 여기에서는 왼발을 축으로 하여 등쪽 오른쪽으로 180도 전환한다.

〔기법의 개요〕

①-④ 내디딘 발을 90도 구부려 옆으로 향한다.
⑤-⑧ 왼발을 축으로 하여 오른발을 등쪽 뒤로 둥글게 원을 그리듯이 돌려가며 몸을 전환한다. 손의 동작은 우선 손바닥을 아래로 향하고 정면 배 높이로 자연스럽게 낸다. 전환에 따라 변화한다. 마지막은 ⑧과 같이 손바닥을 위로 향하여 자연스럽게 낸다.

〔요점〕

몸 전체의 기력이 단전을 중심으로 하여 5체(五体)를 흘러, 손끝에서 용솟음치도록 충실을 기할 필요가 있다.

상대 동작

상대와 2명이서 기를 발휘하는 동작을 연습하는 기본 준비법을 상대 동작이라고 한다.

합기도에서는 어느 기에서나 상대 동작이 생기기 때문에 매우 많은 경우를 생각할 수 있다.

그러나, 여기에서는 그 대표적인 것으로써 '한손 잡아 전환하는 법' '사방 꺾기 전환법' '배신(背伸) 운동'의 3가지에 대해서 설명하겠다.

한손 잡아 전환하는 법

가장 기본이 되는 외전환(外転換)과 내전환(内転換)을 들 수 있다.

내전환(内転換)

전환법은 상반신(쌍방이 오른발 또는 왼발을 내고 있는 자세)과 역반신(한쪽이 오른발, 다른쪽이 왼발을 내고 있는 자세)으로 나누어 생각할 수 있으며, 전자에는 내전환(內転換), 후자에는 외전환으로 대처한다.

〔기법의 개요〕

①-④ 왼발을 약간 내려 내디디고, 그 발을 축으로 하여 오른발을 상대의 앞으로 내디디며 수도(手刀) 상태로 이끈다.

〔요점〕

축이 되는 발을 안정시키고, 몸의 중심을 잃지 않을 것.

외전환(外転換)

〔기법의 개요〕

①-② 앞으로 낸 발끝을 90도 안쪽으로 향한
다.

③-⑤ 오른발을 축으로 하여 왼발을 당겨 돌
리고, 몸을 180도 전환시킨다.

〔요점〕

손은 항상 수도(手刀) 상태이다. 심신이 충실
된 기력으로 상대를 이끌듯이 몸을 회전시키지
않으면 안된다.

오른쪽, 왼쪽 어느쪽인가의 팔을 상대에게 잡혔을 때, 자신의 한발을
축으로 하여 몸을 전환하는 것이 한손 잡아 전환법이다. 여기에서 중요
한 것은 상대의 공격에서부터 가장 안전하고, 상대를 제압할 수 있는
위치에 자신을 이동시키는 것이다.

사방 꺾기 전환법

여기에서는 대표적인 움직임으로써, 양손 잡기 앞전환법과 양손 잡기
뒤전환법을 설명하겠다.

앞전환법

사방 꺾기 전환법에는 한손 잡기와 양손 잡기의 2가지 종류가 있는
데, 여기에서는 양손 잡기 전환법을 예로 들겠다.

여기에서는 한손 잡기에 준하여 생각하면 좋다.

여기에서도 상반신과 역반신이 있는데, 앞의 항의 상대 동작과 마찬가지로 상반신은 앞전환법, 역반신인 경우는 뒤전환법으로 제압한다.

〔기법의 개요〕

①-③ 상대에게 양손 손목을 잡히자마자 왼발을 조금 앞으로 내디디고, 양손을 수도(手刀) 상태로 흔든다.

④-⑦ 더욱 오른발을 앞으로 내디디고, 양발을 축으로 180도 왼쪽으로 전환하고, 양 수도(手刀)를 쳐내린다.

이 때 상대는 밸런스를 잃을 것이므로 단단히 지탱해 줄 것

〔원 포인트〕

이것은 앞전환 기법인데, 잡힌 양손을 쳐내면서 몸을 돌리고 상대와 등을 마주하게 된다.

뒤전환법

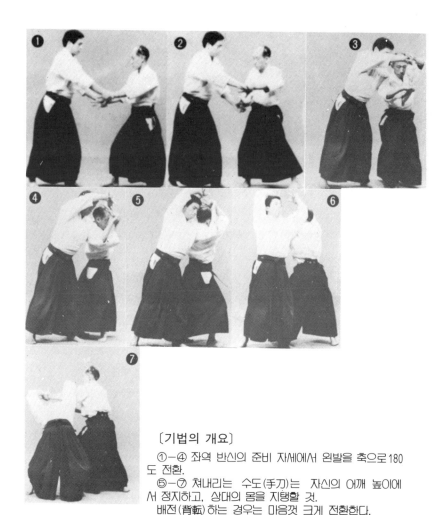

〔기법의 개요〕

①-④ 좌역 반신의 준비 자세에서 왼발을 축으로 180도 전환.

⑥-⑦ 쳐내리는 수도(手刀)는 자신의 어깨 높이에서 정지하고, 상대의 몸을 지탱할 것.

배전(背転)하는 경우는 마음껏 크게 전환한다.

배신 운동

배신 운동은 척추를 뒤로 구부려 등을 펴는 운동이다. 단, 합기도 기법에서는 상반신을 젖히는 움직임이 없기 때문에 몸을 유연하게 하기 위한 트레이닝으로써 가장 마지막에 실시한다.

〔기법의 개요〕
①-④ 상대에게 양손을 잡히자 마자 양손을 수도(手刀) 상태로 하여 유도하고 등을 합친다. 자기의 중심을 약간 낮추어 상대의 등을 엎고, 척추를 편다.
⑤ 상대가 완전히 엎어진 곳에서 양손을 놓는다.

호흡력 양성법

합기도의 수련에 의해 발휘되는 전신 통일의 힘을 '호흡력'이라고 부르고 있다. 합기도에 있어서 호흡이란 코와 입만이 아닌 피부 등 전신으로의 호흡이며, 자연과 연결되고, 모든 것과의 조화 연관을 의미한다. 이런 호흡이 인체의 단전에서 통일되어져 큰 강물과 같이 양 수도(手刀)를 통하여 흐를 때 위대한 힘을 발휘한다.

합기도에서는 '기의 힘'을 강조한다. 단단히 다져진 호흡력을 언제 어떤 곳에서도 충분히 발휘할 수 있게 되면, 합기도에 있어서 그 기력을 얻게 되는 것이다.

그러므로 호흡력 없는 합기도의 움직임은 무가치한 것이라고 말 할 수도 있는 것이다.

호흡력 양성법도 여러가지로 나뉘어져 있다. 그 가장 기본적인 움직임으로써, 서로 앉은 경우 정면 양손을 드는 것과 선 경우의 손목 잡기의 각 양성법을 설명하겠다.

좌법(座法 : 앉아서 실시하는 것)

정면 양 손목 들기의 경우

호흡력 양성은 합기도에 있어서는 더할나위 없이 중요한 것으로 여기에는 좌법과 입법이 있다.

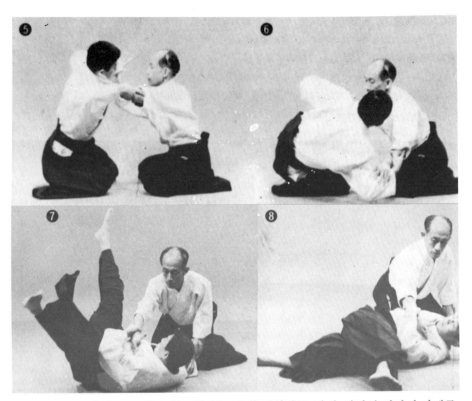

좌법으로 실시하는 경우는 우선 태산과도 같이 안정된 정좌의 자세를 취하는 것이 제 1 조건이다.

〔기법의 개요〕

①-④ 정좌의 형에서 상대하고, 상대가 양 손목을 들면 양 손끝을 통하여 전신의 모든 힘이 나올 수 있는 형으로, 상대의 양 어깨를 향하여 약간 안쪽으로 나선상으로 찔러올린다.

⑤-⑧ 더욱 오른손 수도(手刀)를 펴면서 슬행(膝行)으로 일보 전진하고, 자신의 앞쪽으로 상대를 쓰러뜨려 제압한다.

입법(立法 : 서서 실시하는 것)

제수(諸手) 손목 잡기의 경우

제수(諸手)로, 자기의 오른쪽 또는 왼쪽 손목을 측면에서 부터 잡힌 경우의 단련 양성법이다.

입신을 주체로 한 '표(表)'와 전환을 주체로 한 '리(裏)'의 2가지 법을 들어 설명하겠다.

표(表)의 동작

〔기법의 개요〕

①-④ 상반신의 준비 자세에서 오른쪽 손목을 잡혔으면 오른손을 수도(手刀) 상으로 작용시키면서 오른발을 일보 내디뎌 상대의 왼쪽 측면으로 들어간다.
⑤-⑧ 오른손 수도(手刀)를 쳐올리고, 허리, 무릎을 기점으로 제압한다.

〔요점〕

옆구리를 조이고, 잡힌 손을 자신의 얼굴 보다 높게 한다.

76

리(裏)의 동작

리기(裏技)는 쳐들어오는 상대에게 자신이 뒷쪽으로 당기면서 자세를 무너뜨려 제압하는 기이다.

표기와 마찬가지로 중심을 낮게 한 자세에서 둥글게 호를 그리면서 호흡력을 낸다.

〔기법의 개요〕

①－④ 왼손 손목을 잡히자마자 사진과 같이 왼발을 중심으로 큰 배전(背転)을 하고, 오른손을 수도(手刀) 상으로 둥글게 몸에 수반시키면서 상대를 이끈다.

⑤－⑧ 더욱 왼발을 일보 상대의 뒷쪽으로 이동시키고, 양 수도(手刀)로 쓰러뜨린다.

〔요점〕

상대를 쓰러뜨리는 경우, 양 수도(手刀)로 잔신(殘身)의 준비 자세를 만들고, 상대를 기분으로 올리는 것이 중요하다.

〔원 포인트〕

잡힌 오른손 손목을 통하여 상대를 유인하는 데는 옆구리를 조이고 몸을 전환시켜 자신의 '기(氣)'를 충실시키는 것이 중요하다.

제 4 장

기본기

기본의 기(技)

기본이 중요한 것은 무엇을 하든지 간에 상식으로 되어 있다. 그러나 사람은 참으로 조급하여 공(功)을 서두른다. 때문에 단란하고 침착하게 기본을 몇 번이나 반복, 장래의 대성을 기하여야 한다는 것은 잘 알고 있으면서도 좀처럼 잘되지 않는다.

명인, 달인의 수하에 제자로써 들어간 수행자가 처음 3년은 장작을 패고, 불을 지피는 등 잡다한 일만을 거듭하여 실시하여 가장 기본이 되는 마음의 토대를 만드는데 힘을 쓰도록 한다는 이야기는 유명한 이야기이다.

그렇게 함으로써 생긴 기본이 되는 마음 가짐, 게다가 그 위에 기본기를 몸에 단단히 익히면 극의를 8가지로 나누어 습득했다고도 말할 수 있다.

여기에서는 기본의 기로써 몸에 익히면 그 변화는 만기에 연결된다고 생각되어지는 대표적인 것을 들기로 하겠다.

또, 각기는 좌우 바꾸어도 움직임은 같다.

던지기(投技)

합기도에 있어서 던지기(投技)는 입신, 허리 회전, 수도(手刀) 등에 의하는데, 이것은 구전(球転), 원전(円転) 참으로 변화가 풍부하며, 기법 중에서도 꽃이라고 일컬어지고 있다.

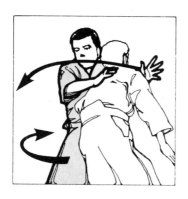

〔원 포인트〕
왼쪽 수도(手刀)는 나선을 그리듯이 회전시키고, 손끝에서 전신의 기력을 내도록 명심할 것

입신(入身) 던지기

표기(表技)

정면타(正面打) 입신 던지기

합기도의 기법에서는 반신의 태세로 준비하여 공격해 들어오는 상대의 동작의 연장 선상을 벗어나 스치듯이 입신하여 측면으로 들어가, 상대의 사각(死角)에 자신의 몸을 넣는 동작이 상도(常道)로 되어 있다. 따라서 입신의 소득은 더없이 중요하다.

〔기법의 개요〕

①-④ 좌반신의 준비 자세에서 왼손 수도(手刀)로 상대의 왼손을 유인하면서, 오른쪽 주먹으로 상대의 오른쪽 옆구리를 찌른다. 동시에 오른발을 상대의 왼쪽 측면 뒷쪽으로 크게 입신으로 들어가, 오른손으로 상대의 뒷쪽 도복을 잡는다.

⑤-⑧ 자세를 세우려는 움직임을 이용하여 쓰러뜨린다.

〔요점〕

앞으로 나가 있는 상대의 흐름을 끊으며 측면으로 들어간다.

리기(裏技) 정면타(正面打) 입신 던지기

합기도에서는 모든 기법에 앞에서 부터 들어가서 기술을 거는 것과
뒷쪽으로 둥글게 기술을 거는 2가지 종류가 있다. 전자를 '표기(表技)'
후자를 '리기(裏技)'라고 부르고 있다.

[기법의 개요]

①－⑥ 우반신의 준비 자세, 표기의 움직임과 마찬가지로 상대의 오른쪽 옆면으로 입신하여 들어가, 더욱 왼발을 중심으로 하여 왼쪽으로 배전(背轉) 하여 상대의 몸을 쓰러뜨린다.

⑦－⑪ 이어서 오른발을 축으로 하여 왼발을 오른쪽으로 배전(背轉)하면서, 오른손 수도(手刀)를 상대의 턱에 걸어 뒤로 쓰러뜨린다.

표기는, 입신으로 상대의 측면으로 들어가 상대가 앞으로 무너지는 것을 세우려는 움직임을 유도하여, 상대를 뒤로 쓰러뜨리는 점, 참으로 합리적이며 또 매우 직선적이다.

그점에서, 리기(裏技)는 입신으로 들어간 후, 더욱 둥글게 전환하여 상대를 무너뜨리는 원전(円轉)을 주로 한다. 또한 상대의 공격을 유도

하는 정도의 적극성이 필요.

위에서 본 움직임

이것은 중요한 기본기이기 때문에 같은 동작을 위에서도 또 다시 한 번 본 것이다. 원을 중시한 둥글게 움직이는 상황을 사진으로 확인하기

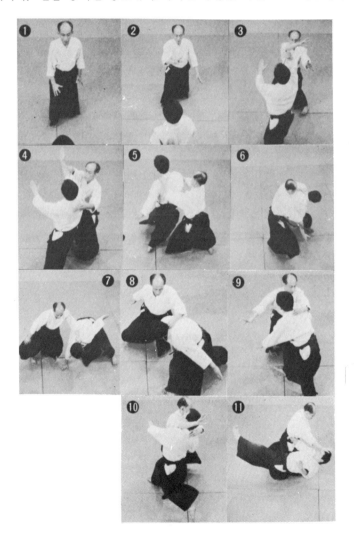

바란다.

또 입신 때는 그 원칙에 따라 상대의 공격의 선을 밖으로 일순 벗어나 스치듯 자세를 취하고, 수도(手刀)는 허리의 움직임과 함께 원호를 그리며 항상 살아있는 움직임을 필요로 한다.

사방 던지기

한 점을 축으로 하여 사방, 팔방으로 나눈다. 합기도 검법의 기본적 움직임이라고도 할 수 있다. 그 제 1보 한 손 잡아 사방 던지기를 설명하겠다.

표기(表技)

한 손 잡아 사방 던지기

〔원 포인트〕

몸을 돌리는 것과 동시에, 왼발을 축으로 하여 돌릴 것. 그리고 손은 이마 높이로 유지하면서 몸의 회전에 즉응하여 가는 것이 그 요령이다.

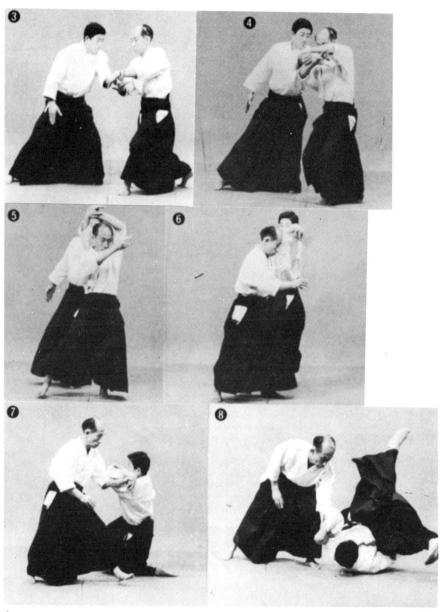

〔기법의 개요〕

①-⑤ 좌반신에서 오른손 손목을 잡히자 마자 왼손으로 상대의 왼손 손목을 잡고, 오른손을 수도(手刀) 상으로 흔드는 것과 동시에 왼발을 조금 왼쪽 앞으로 내디딘다.

⑥-⑧ 이어서 수도(手刀)를 잘라 내리는 듯한 기분으로 상대를 쓰러뜨린다.

리기(裏技)　한 손 잡아 사방 던지기

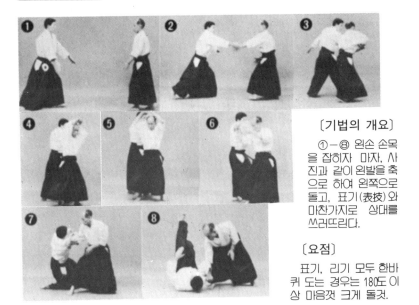

〔기법의 개요〕

①-⑧ 왼손 손목을 잡히자 마자, 사진과 같이 왼발을 축으로 하여 왼쪽으로 돌고, 표기(表技)와 마찬가지로 상대를 쓰러뜨린다.

〔요점〕

표기, 리기 모두 한바퀴 도는 경우는 180도 이상 마음껏 크게 돌것.

〔주의〕

양손을 자신의 앞 머리 부분에 고정시키면서 몸을 돌리면, 스스로 중심이 잡혀 안정된 상태를 유지할 수가 있다.

마지막 쳐내리기 때 반드시 상대에게 접근되어 있는 쪽의 발을 1보 내면서 상대의 몸을 무너뜨릴 것.

굳히기(固技)

굳히기(固技)는 합기도 기법 가운데에서 가장 특이한 인상을 주는 것이다.

어떤 저명한 외국 무술 연구가가 유도의 족기(足技), 합기도의 관절

굳히기(固技), 이 양자를 마스터하면 더할 수 없는 강한 힘이 생긴다 라고 했던가? 이런 것은 별도로 하고서 라도 이 굳히기(固技)의 일반적 평가는 높다.

여기에서는 가장 기본적인 정면타(正面打)의 움직임을 4가지 들어 보았다.

팔 누르기 (제 1교(敎))

제일 처음 지도를 받는다는 의미에서 연습 때 제 1교(敎)라고 일컬어지고 있다. 마찬가지 의미에서 이 굳히기(固技)는 순차, 제 2교, 제 3

교, 제 4 교 라고도 불리우고 있다.

표기 (表技) 정면타(正面打) 팔 누르는 기(技)

〔기법의 개요〕

①－④ 오른발을 반보 앞으로 내디디면서 양손 수도(手刀)로 정면에서부터 쳐들어오는 상대의 오른팔을 제압하고 몸을 무너뜨린다.

⑤－⑧ 더욱 왼발, 오른발 모두 1보씩 크게 내디디고, 상대의 오른팔을 엎어뜨리듯 누른다.

〔원 포인트〕

우선 양 수도(手刀)로 상대의 오른팔을 찔러올리듯 제지해 두고, 원을 그리듯 단숨에 쳐내린다.

리기 (裏技) 정면타(正面打) 팔 누르는 기(技)

리기에서는 특히 합기도 독특의 원 움직임이 중요하다. 배전할 때는 마음껏 크게 뒷쪽으로 호를 그리듯이 쳐내릴 것. 여기에서는 힘으로 상대를 누르거나 당기거나 하는 것이 아니고, 안정된 몸의 중심을 기점으로 한 호흡력의 활용에 의해 양 수도(手刀)를 유연하게 호를 그리듯이 사용하여 상대를 제지해야 한다.

〔기법의 개요〕

①－④ 상대가 정면에서 쳐 들어오는 것을 왼발을 상대의 오른발 약간 오른쪽 측면으로 돌리고, 더욱 그 왼발을 중심으로 하여 큰 배전을 한다.

⑤－⑧ 그 때, 쳐들어온 상대의 오른 팔을 양 수도(手刀)로 몸의 움직임과 일치하여 반호를 그리면서 제지, 앉으며 누른다.

〔요점〕

쳐들어오는 상대의 팔에 구애되지 말고, 양 수도(手刀)로 상대를 바로 정면에서 제지하는 기개를 떨치는 움직임이 중요하다.

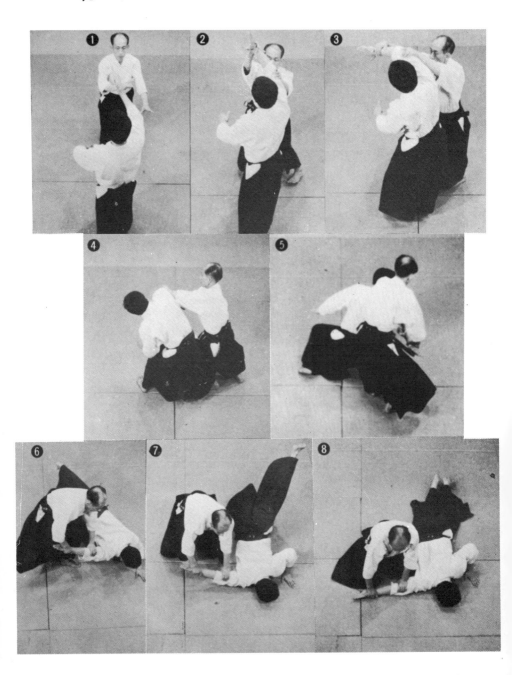

〔주의〕

쳐들어오는 상대의 팔을 아래에서 양 수도(手刀)로 비트는 기분으로 호를 그리면서 제지하는 것이 중요하다.

리기 측면

상대의 몸을 앉히면서 엎어뜨리고 팔을 잡아 누르는데, 이 때 상대의 팔을 어깨 이상으로 오른쪽 측면 앞쪽으로 당겨 펴고, 상대의 옆구리에 여유를 주지 않는 것이 중요.

정면타(正面打) 팔 누르기 기(技) (제 2 교(敎))

팔 누르는 기(제 1교)에 관절의 단련기를 가하는 것인데, 표기와 리기로 다소 뉘앙스가 달라진다.

표기

소수 돌리기는 합기도의 손목 단련법으로써 대표적인 것이며, 호신용 등 응용 가치도 크다.

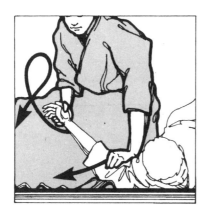

〔원 포인트〕

팔꿈치의 조금 위를 앞쪽으로 비트는 듯한 기분으로 누른다.

〔기법의 개요〕

①－④ 정면타(正面打) 팔 누르기의 표기와 마찬가지. 쳐오는 상대의 오른팔을 통하여 양 수도(手刀)로 상대를 제지한다.

⑤－⑥ 더욱 왼손 수도(手刀)로 상대의 오른쪽 팔꿈치를 단단히 누르면서, 오른손으로 상대의 오른손 손등을 잡아돌려 앞쪽으로 비트는 느낌으로 쓰러뜨린다.

⑦－⑧ 그리고 동시에 쓰러져 있는 상대와 정대(正対)하여 상대의 오른쪽 손목을 자신의 왼팔 팔꿈치 관절 내부로 안으며, 오른손 수도(手刀)로 오른쪽 팔꿈치를 누른다.

〔원 포인트〕

상대의 자세를 무너뜨리는 때는 상대의 오른쪽 손목을 손등에서 단단히 잡고, 왼손으로 관절의 조금 위를 눌러 다소 비트는 기분으로 앞으로 쓰러뜨린다.

리기

정면타(正面打) 소수 돌리는 기(技)

이것은 팔 누르는 기의 연장선 상에 있으며, 동작은 거의 비슷하다. 반드시 팔 누르기 형에서 상대의 자세를 무너뜨린다는 것을 잊어서는 안된다.

또, 관절을 제압할 때 특히 흥미를 느껴 총체적인 움직임을 게을리 하는 경향이 있을 수 있으므로 그 점에 충분히 주의할 것.

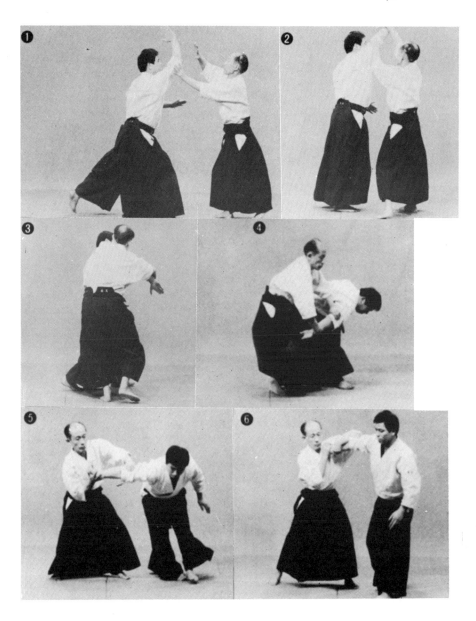

〔기법의 개요〕

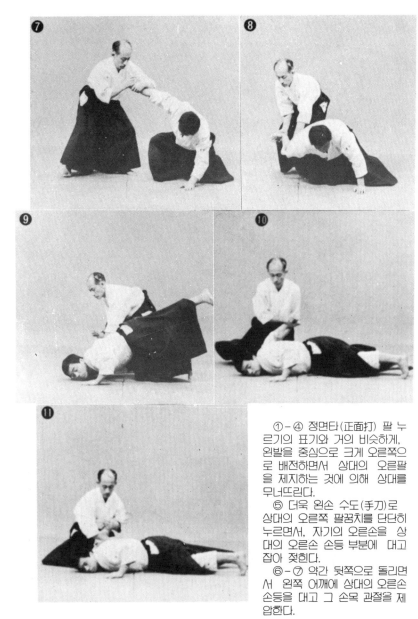

①-④ 정면타(正面打) 팔 누르기의 표기와 거의 비슷하게, 왼발을 중심으로 크게 오른쪽으로 배전하면서 상대의 오른팔을 제지하는 것에 의해 상대를 무너뜨린다.

⑤ 더욱 왼손 수도(手刀)로 상대의 오른쪽 팔꿈치를 단단히 누르면서, 자기의 오른손을 상대의 오른손 손등 부분에 대고 잡아 젖힌다.

⑥-⑦ 약간 뒷쪽으로 돌리면서 왼쪽 어깨에 상대의 오른손 손등을 대고 그 손목 관절을 제압한다.

❽-⑫ 이어서 왼발을 중심으로 하여 배전, 상대의 몸을 제지하고 누른다.

〔요점〕

관절을 잡아 젖히는 때에는 완전히 양 수도(手刀)로 상대의 자세를 무너뜨려야 한다.
관절을 제압할 때는 반드시 상대의 측면에 위치한다.

〔주의〕

손목 관절은 일상 생활에서 그다지 움직이지 않기 때문에, 결코 무리하게 하지 말고 서서히 단련할 것.

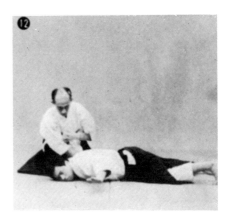

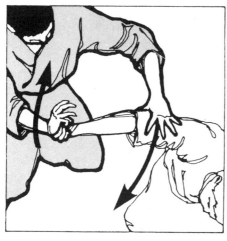

〔원 포인트〕

마지막은 전체를 마음과 함께 원형으로 돌리고, 팔은 상대의 머리 앞으로 가져가는 것.

정면타(正面打) 소수(小手) 비틀기 (제 3 교(教))

이 기(技)도 정면타 팔 누르기(제 1 교)에 가하여 소수 돌리기와는 다른 각도에서 관절을 단련하는 기법이다.

표기

이것도 팔 누르는 기에서 마지막으로 상대의 팔을 젖히는 것이다.

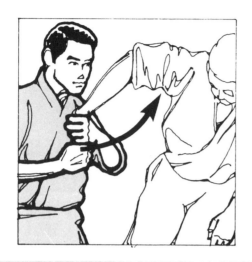

〔원 포인트〕
상대의 자세를 무너뜨릴 때는
양손으로 잡은 오른쪽 손목을 상
대의 왼쪽 위로 비틀어 올리는
느낌으로.

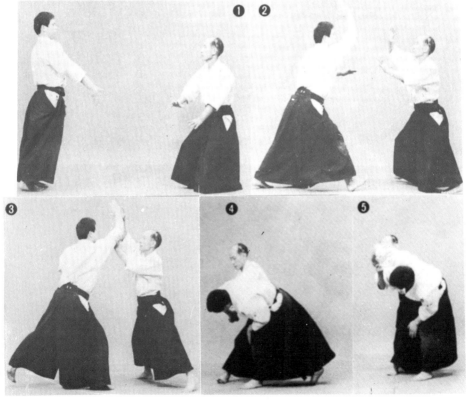

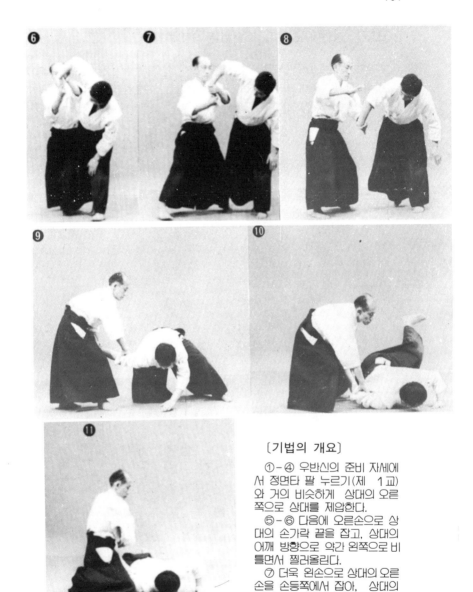

〔기법의 개요〕

①-④ 우반신의 준비 자세에서 정면타 팔 누르기(제 1교)와 거의 비슷하게 상대의 오른쪽으로 상대를 제압한다.

⑤-⑥ 다음에 오른손으로 상대의 손가락 끝을 잡고, 상대의 어깨 방향으로 약간 왼쪽으로 비틀면서 찔러올린다.

⑦ 더욱 왼손으로 상대의 오른손을 손등쪽에서 잡아, 상대의 어깨 방향으로 비틀어 누른다.

⑧-⑪ 이어서 오른손 수도(手刀)로 상대의 오른쪽 팔꿈치를 제지하면서 젖힌다.

리기 정면타(正面打) 소수(小手) 비틀기

상대의 팔을 마지막으로 젖히는 방법이 소수 돌리기와 다른 점이므로 주의 한다. 또, 관절을 잡는 마음 가짐은 소수 돌리기와 같다.

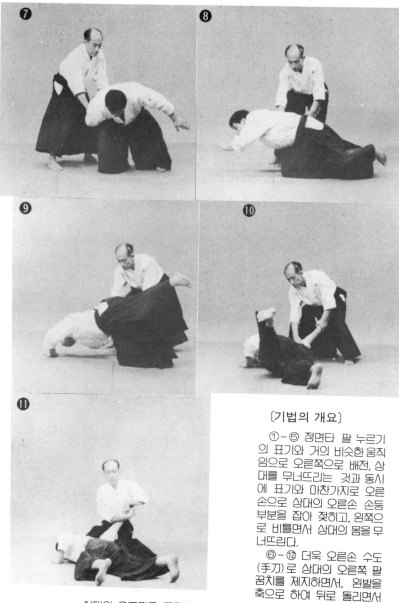

〔기법의 개요〕

①-⑤ 정면타 팔 누르기의 표기와 거의 비슷한 움직임으로 오른쪽으로 배전, 상대를 무너뜨리는 것과 동시에 표기와 마찬가지로 오른손으로 상대의 오른손 손등 부분을 잡아 젖히고, 왼쪽으로 비틀면서 상대의 몸을 무너뜨린다.

⑥-⑫ 더욱 오른손 수도 (手刀)로 상대의 오른쪽 팔꿈치를 제지하면서, 왼발을 축으로 하여 뒤로 돌리면서 상대의 오른팔을 통하여 상대를 비틀어 쓰러뜨리고 눌러 젖힌다.

특히, 마지막에 상대의 오른 팔을 안아 젖히는(사진 ⑪, ⑫) 움직임에 주의할 것.

〔요점〕

표기는 어디까지나 앞으로 돌며 실시하고, 리기는 배전하면서 실시해야 한다는 것을 알아 둘 것.

손가락 끝을 잡은 손은 반드시 상대의 머리,어깨 방향으로 비트는 느낌으로 잡고, 상대가 고쳐설 여유를 주지 말고 실시해야 한다.

〔주의〕

상대의 관절을 잡을 때는 반드시 상대의 측면, 상대의 사각에서 실시한다.

정면타 손목 누르기 (제 4 교(敎))

손목 누르기는 관절이 아니고 손목의 약점을 공격하여 단련하는 기법이다.

표기

이 손목 누르기는 관절을 공격하는 것이 아니고, 수목의 구조상의 약점을 공격하는 것이다.
그리고 표기와 리기에 있어서 공격점이 다르다.

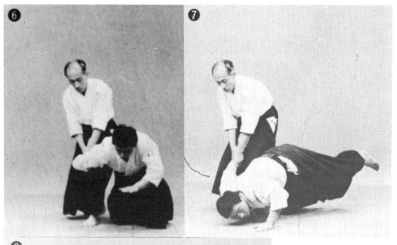

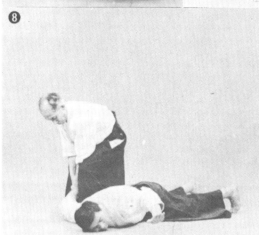

〔기법의 개요〕

①-⑤ 팔 누르기 기 (제 1교)의 표기와 거의 비슷하게, 오른쪽 준비 자세에서 정면으로 쳐들어오는 상대의 오른팔을 제지한다.

⑥-⑧ 이어서 오른손으로 상대의 오른쪽 손목을 잡는 것과 동시에, 오른손으로 잡고 있는 윗쪽, 상대의 오른쪽 맥박 부분이 자신의 왼쪽 손 인지의 뿌리 근육에 닿도록 잡고, 그 뿌리와 새끼 손가락에 완전 전체의 총합력을 집중하면서 상대를 앞쪽으로 누른다.

| 리기 | 정면타 손목 누르기 |

앞에서도 언급했듯이 표기와 리기에서는 상대의 손목에 대한 공격점이 다르다.

표기의 경우는 맥박부를 앞으로 공격하는데, 리기의 경우는 요골부를 배전하면서 호를 그리며 공격하는 점에 주의한다.

〔기법의 개요〕

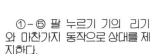

①-⑥ 팔 누르기 기의 리기
와 마찬가지 동작으로 상대를 제
지한다.
⑥-⑩ 더욱 오른손으로 상대
의 오른쪽 손목을 잡는 것과 함
께, 오른손으로 잡은 위치의 윗
쪽을 오른손으로 누르고 왼손으
로 잡고, 상대의 팔의 요골부에
대하여 자신의 왼손 인지의 뿌
리 근육을 대고, 왼발을 중심으
로 오른쪽으로 배전, 요골부를
젖히면서 상대를 쓰러뜨린다.

〔요점〕

우선 팔 누르는 기에서 상대
의 체세를 충분히 무너뜨릴 것.
이것이 가장 중요하다.
단전에 중심을 집약시킨 힘을
자신의 손의 일점에 모아 발휘
하는 기이기 때문에, 호흡력 양
성법에 있어서 힘을 내는 방법
을 충분히 주의할 필요가 있다.

〔주의〕

상대를 고통스럽게 만들겠다
는 생각을 하면, 중심에 안정을
잃고 오히려 당하는 결과가 된다.

던지는 굳히기(固技)

던지는 기만으로는 던져진 상대에게 상당한 기술이 있으면 능숙하게 곧 일어나게 될 것이며, 치명적인 상처를 주기는 어렵다. 그러므로 봉건 시대, 격투에 있어서 무사의 싸움에서는 던지는 것 보다도 눌러서 꼼짝 못하게 하는 것을 중시하였다.

그러므로 합기도에 있어서는 눌러 꼼짝 못하게 하는 단련 기법이 매우 많다.

게다가, 합기도에 있어서 누르는 방법은 상대를 반드시 엎어뜨리고, 상대로부터 절대 안전한 입장에서 누르는 방법에 그 특징이 있다.

우리들은 던지는 굳히기(固技)에서 합기도의 비상한 아름다운 움직임과 엄격함을 잘 조화시킨 훌륭한 기를 볼 수가 있다.

이 던지는 굳히기(固技)의 대표적 기본적인 기의 하나로써 정면타 소수 젖히는 기를 들 수 있다.

정면타(正面打) 소수 젖히는 기(技)

상대가 정면에서부터 들어오는 경우 상대의 밖쪽으로 몸을 돌리는 경우와 안쪽으로 젖히는 경우를 생각할 수 있는데, 어느 경우에나 침착하고 안정된 몸을 만들면 충분히 상대를 제압할 수 있다. 이 점에 대해서는 다음의 '기본기에서 응용기로의 변화'의 항에서 설명하기로 하겠다.

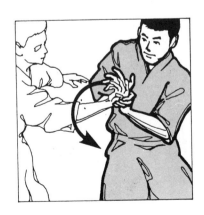

〔원 포인트〕
상대의 손목을 감아넣듯이 젖힐 때에 상대의 손등에 자신의 손바닥을 확실히 걸어, 몸 전체를 하나로 하여 움직인다.

합기도의 움직임은 '융통무의(融通無礙)'라고 일컬어지고 있다. 다른 경우도 결코 당황하지 말고 상대로부터의 공격되어지지 않는 사각으로 들어가도록 변화하여 가는 것이 중요하다.

[기법의 개요]

①-④ 상대가 정면에서 들어오는 경우 왼발을 자기의 왼쪽 앞으로 이동하고, 입신(入身)의 형으로 상대의 쳐들어오는 선을 벗어나면서, 왼발을 중심으로 하여 오른쪽으로 크게 배전, 왼손 수도(手刀)로 상대의 오른손을 제지한다.

⑤-⑫ 이어서 왼손으로 상대의 오른손의 손등, 새끼

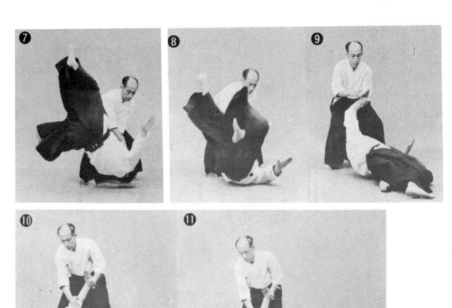

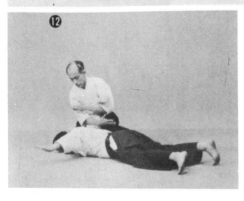

손가락과 약지의 뿌리 근육 약간 아래에 자신의 왼손 엄지를, 다른 손가락은 그 손등을 덮듯이 하여 잡고, 오른발을 축으로 하여 왼쪽으로 배전하는 것과 동시에, 상대의 오른손의 손등에 자신의 오른손을 붙이고, 상대의 오른손 손목을 왼쪽으로 젖히고, 감아붙듯이 상대를 쓰러뜨리고 꼼짝 못하게 한다.

〔요점〕

　상대가 쳐들어 오는 것을 기다리지 말고 서로 준비하고 있을 때, 이미 기분상으로 상대를 제압할 정도의 적극성이 필요하다.

　쳐들어 오는 손은 반드시 수도(手刀)로 제지할 것.

제 5 장

기본 변화의 기

기본기에서 응용으로의 변화

합기도의 기법은 자연에 순응하고, 그 변화에 따라 상대와 하나가 되는 듯한 아름다움을 전개한다. 때문에 기의 움직임은 변화 무한하다고 할 수 있다.

이 변화는 기본을 확실히 몸에 익히면 저절로 용출되어져 나온다.

다음에 그 일예를 하나, 둘 들어 보겠다.

한 손 잡기의 움직임

상대에게 손목을 잡히자마자 상대의 움직임에 따라 순차로, 사진 Ⓐ와 같이, 또 Ⓑ와 같이 쓰러질 수가 있다. 게다가 Ⓒ와 같이 사방 던지기로도 이동할 수가 있는가 하면, Ⓓ와 같이 상대의 옆구리를 빠져, 상대에게서 절대의 입장으로 갈 수도 있다. 게다가, Ⓔ와 같이 팔 누르기(제 1 교)로 상대를 제압할 수가 있다.

잠시 보았을 뿐인데도 각기 5 가지 방면으로 움직일 수 있으며, 각 기법을 전개하고 있음을 알 수 있다. 이것은 상대에게 저항하는 원전(円轉)의 움직임을 기본으로 몸에 잘 익혀두면 그 움직임의 성격상 저절로 변화 응용으로 전진할 수 있는 것이다.

한손 잡기에 대한 움직임 Ⓐ

한손 잡기에 대한 움직임 Ⓑ

한손 잡기에 대한 움직임 ©

한손 잡기에 대한 움직임 ⓓ

한손 잡기에 대한 움직임 Ⓔ

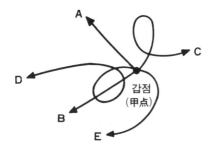

갑점
(甲点)

찌르기에 대한 움직임

상대가 찌르며 들어오는 경우 Ⓐ 와 같이 입신으로 들어가는 것도 좋고, Ⓑ 와 같이 상대의 찌르기의 선상에서 벗어나면서 그 찔러들어오는 팔을 제압할 수도 있다. 또 Ⓒ 와 같이 소수 젖히기로 상대를 쓰러뜨릴 수도 있다. 이 소수 젖히기의 경우 무심코 반대쪽으로 몸을 돌릴 때의 해답이 되기도 한다.

여기에서는 상대로부터의 찌르기 기에 대해 입신으로 상대의 측면

찌르기에 대한 움직임 A

찌르기에 대한 움직임 B

찌르기에 대한 움직임 C

으로 들어가, 기술의 변화를 주는 것으로, 움직임이 변화 무한하다고
할 수 있다.

　기본기→ 기본 변화기→ 응용기

　합기도의 기는 무한하게 발전하며 변화한다.

기본 변화의 기

　기본기를 잘 익힌다는 것은 그 형만을 추구하는 것이 아니고, 그 살
아 있는 기본을 익혀야 하는 것이다. 살아있는 기본이란 기본이 기초
가 되어 그 위에 훌륭한 꽃이 피고 과실이 맺는 것을 말한다.

　매우 열심히 하는 사람 중에서 기본의 형을 반복하는 것은 좋지만,
그 변화 응용에는 성과를 보지 못하는 사람을 종종 볼 수 있다. 이런 사
람은 기본 틀만을 추구한 사람이며, 참다운 기본을 익히지 않은 사람
이라고 할 수 있다.

　여기에서 합기도의 기는 표면의 형만으로는 아무런 의미도 없지만,
깊이 들어가 그 참맛을 보면 깊고, 또 변화 무한하여, 이루다 말 할

수 없는 다양한 기법이 존재한다는 것을 알아 두어야 한다.

먼저 기본형을 몸에 잘 익혀두고, 거기에 살아있는 기본기로써 기본에서 한발 더 나아간 기본 변화를 할 수 있도록 해야 할 것이다.

여기에서는 그 기본 변화의 기를 설명하겠다.

또, 표리 양기는 요점이 같기 때문에 대표적인 것 외에 어느쪽 한쪽을 생략하겠다.

던지는 기

입신 (入身) 던지기

기본기 '정면타(正面打) 입신 던지기'의 기본을 익혔으면 상대가 변화하려 하는 움직임에 대해 하나의 동작으로써 대처할 수 있다.

한손 잡아 입신(入身) 던지기

〔원 포인트〕

상대의 자세를 붕괴시킬 때는 상대의 뒤를 지점으로 해서 둥글게 아래 방향으로.

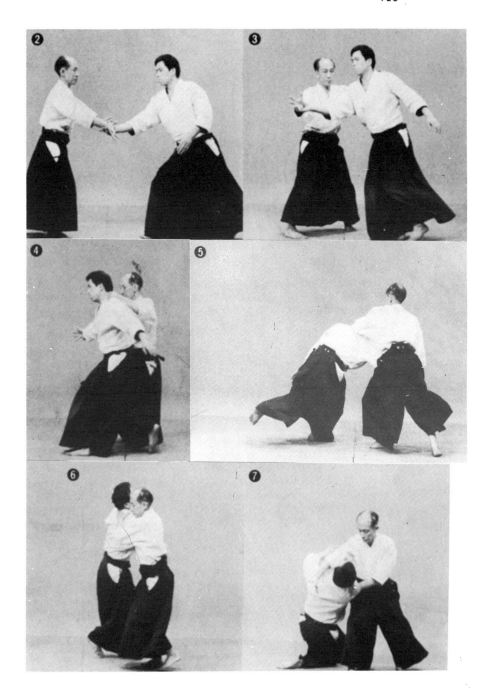

〔기법의 개요〕

①-⑤ 상대가 오른손 손목을 잡으러 들어오면, 오른발을 축으로 하여 왼발을 상대의 조금 뒷쪽으로 돌리고, 더욱 왼발을 중심으로써 오른쪽으로 베전(背轉)한다. 오른쪽 수도(手刀)는 호를 그리고, 크게 몸에 수반하여 상대를 이끈다.

⑥-⑧ 상대가 앞으로 쓰러지는 몸을 뒤로 당기려고 할 때, 오른발을 축으로 하여 왼발을 뒤로 돌려 오른쪽 수도(手刀)로 상대를 쓰러뜨린다.

〔요점〕

3번 원전(円轉)하여 상대를 쓰러뜨리는 움직임에 특징이 있다. 그 경우, 중심 및 축이 되는 발의 이동을 극히 자연스럽게 하는 것이 중요하다. 수도(手刀)는 몸의 움직임과 함께 끊임없이 나선형으로 움직이고, 몸의 움직임과 항상 일체가 되어 있어야 할 것.

횡면타(橫面打) 입신 던지기

변화가 많은 기이기 때문에, 특히 2 가지 경우를 설명하기로 하겠다.

그 첫번째

〔기법의 개요〕

①-④ 상대가 옆면을 쳐들어오면, 왼쪽 수도(手刀)로 상대의 오른손, 오른쪽 수도(手刀)로 상대의 면을 치는 것과 함께, 그 양 수도(手刀)를 살리고, 오른발을

중심으로 왼쪽으로 배전하면서 상대의 오른손을 쳐내린다.

⑤-⑫ 이어서 오른손으로 상대의 오른손을 밖쪽에서 잡으면서 왼발을 상대의 오른쪽 측면 뒷쪽으로 돌리고, 입신으로 돌려가면서 상대를 쓰러뜨린다. 이 기의 기술은 합기도의 특징을 잘 나타내고 있으며 아름답다.

〔요점〕

오른손으로 쳐오는 상대를 제지하면서 안정감 있게 이끈다.

횡면타(橫面打) 입신(入身) 던지기
(위에서 본 것)

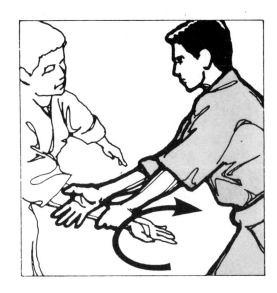

〔원 포인트〕

상대의 측면으로 입신
으로 들어갈 때의 손잡는
방법은, 양 수도(手刀)로
상대의 오른손을 제압하
는 것에 특히 주의할 것.

그 두번째

〔기법의 개요〕

①-③ 상대가 쳐오면, 오른발을 축으로 오른쪽으로 배전(背轉)하면서 양 수도
(手刀)로 상대를 제압한다.

④-⑩ 이어서 오른쪽 수도(手刀)로 상대의 오른쪽 손목을 십자로 끼우듯이 하
고, 오른손 앞쪽, 자기 오른쪽 옆면으로 쳐내리면서 오른발을 축으로 하여 왼발을
상대의 오른쪽 뒷쪽으로 돌린다. 더욱 왼발을 축으로 둥글게 돌면서 입신으로 들
어가 상대를 쓰러뜨린다.

128

〔요점〕
상대의 움직임에 대하여 몸을 안정시키면서 크게 원전(円転)하는 것이 중요.

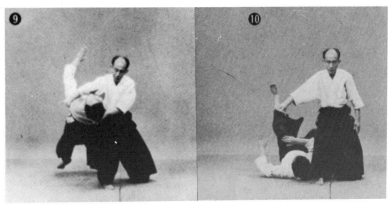

〔원 포인트〕

상대의 오른손을 십자로 끼는 동작을 할 때 동작이 멈추기 쉽기 때문에, 일순에 끊임이 없이 실시하는 것이 중요하다.

뒤 양 손목 잡아 입신(入身) 던지기

뒤에서 공격해 들어오는 움직임이 상당히 많은데, 여기에서는 대표적인 기법으로써 양 손목 잡기를 설명하겠다.

〔기법의 개요〕

① - ④ 상대가 뒤로 돌아 양 손목을 잡으면 상대의 움직임을 이용하면서 양손을 도상(刀狀)으로 흔든다.

⑤ - ⑫ 이어서 양 수도(手刀)를 앞쪽으로 쳐내리면서 상대의 왼쪽 측면 뒷쪽으

로 몸을 돌린다. 더욱 오른발을 축으로 해서 크게 왼쪽으로 배전(背轉), 상대를 무너뜨리면서 입신으로 측면에서부터 상대를 쓰러뜨린다.

〔요점〕

상대를 수도(手刀) 모양으로 흔들 때, 안정된 중심으로 호흡력이 양 수도(手刀)를 통하여 무한히 나오도록 해야 할 것.

⑥-⑥의 경우, 마음껏 크게 상대의 뒷쪽으로 돌며 상대의 자세를 무너뜨리지 않으면 다음 입신 던지기로 들어갈 때에 좀처럼 어려운 상황에 놓이게 된다.

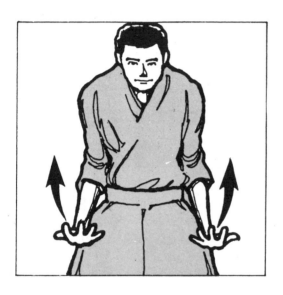

〔원 포인트〕

양손을 크게 휘둘러 돌릴때 손바닥을 위로향하면서 양 손목을 허리에 대고, 이어서 안으로 나선상으로 호를 그리듯이 휘두른다.

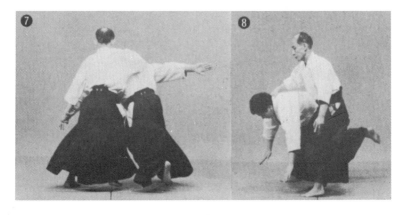

사방 던지기

사방 던지기도 상대의 움직임에 따라 동작이 여러가지로 변화되는데, 동작의 요점은 여느 기와 마찬가지로 기본에 준해 있다.

양손 잡아 사방 던지기

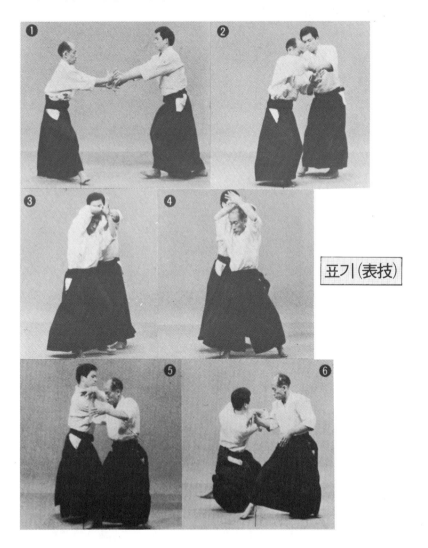

표기(表技)

134

〔기법의 개요〕

①-③ 상대가 양 손목을 잡
으면 상대의 오른쪽 손목을 잡
는다. 동시에 오른발을 상대의
조금 앞으로 내디딘다.
④-⑦ 이어서 왼발을 상대의
왼쪽 측면에 크게 내디디면서
상대의 오른쪽 손목을 잡은 채
크게 흔들고, 양발을 축으로써
약 180도 전환한다. 더욱 오른발
을 일보 내디디면서 쳐내려 상
대를 쓰러뜨린다.

리기(裏技)

표기·리기 모두, 수도(手刀)를 크게 흔들며 전환할 때, 너무 돌지말
고 딱 알맞게 돌도록 주의하여 하고, 사이를 크게 넓히면서 움직이는 것
이 좋다.

[기법의 개요]

①-⑤ 상대가 양 손목을 잡으면 상대의 왼쪽 손목을 왼손으로 잡으면서 크게 휘두르고, 오른발을 축으로 하여 크게 왼쪽으로 배전(背轉)하며 방향을 바꾼다.

⑥-⑧ 더욱 왼발을 1보 전진하여 내디디면서, 상대의 왼쪽 손목을 잡은 채 쳐내리고, 상대를 쓰러뜨린다.

[요점]

상대가 양 손목을 잡은 경우, 일순의 주저함도 없이 이내 동작을 일으키는 것이 중요.

횡면타(橫面打) 사방 던지기

이 기는 쳐들어오는 상대의 동작을 자연스럽게 유도하여 제압한다고 하는, 합기도다운 둥근 움직임이 중심이 된다. 사방 던지기로써도 대표적인 기법이며 중요한 기본적인 기이다.

〔기법의 개요〕

①-④ 상대가 왼손으로 오른쪽 횡면을 쳐들어오는 경우 왼손 수도(手刀)로 상대의 얼굴, 오른쪽 수도(手刀)로 상대의 왼쪽을 제압하면서, 왼발을 축으로 하여 오른발을 크게 왼쪽으로 배전, 상대의 왼쪽 손목을 양손으로 잡는다.

⑤-⑧ 이어 오른발을 자신의 오른쪽 앞으로 일보 내디디고, 양손으로 잡은 상대의 왼손을 크게 휘두르면서 양발을 축으로 하여 왼쪽으로 약 180도 전환, 방향을 바꾸고, 왼발을 1보 전진시키고, 상대의 왼손을 쳐내려 쓰러뜨린다.

〔요점〕
　상대가 횡면을 쳐 들어올 때는 원형의 움직임이 되기 때문에, 이 원을 살려 둥글
게 배전하는 것이 원칙.
　상대의 손목을 잡을 때　왼손 엄지가 상대의 왼쪽 맥박 부분에 닿도록 왼손으로
비틀듯이 잡을 것.

찔러 사방 던지기

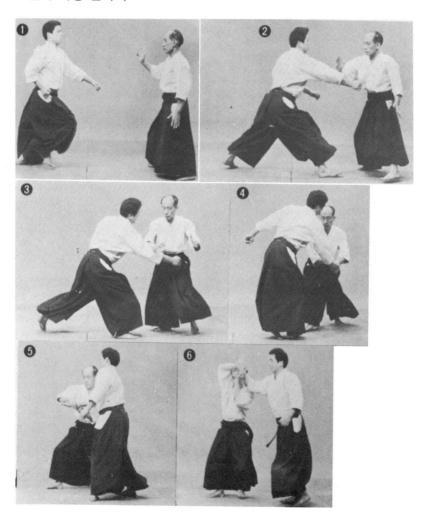

〔기법의 개요〕

①-④ 상대가 오른쪽 주먹으로 찔러 들어오면 오른쪽 수도(手刀)로 그 오른쪽 주먹을 제지하면서 오른발을 축으로 하여 오른쪽으로 배전, 상대의 움직임을 멈추게 한다.

⑤-⑨ 이어서 상대의 오른쪽 손목을 양손으로 잡으면서 크게 휘두르고, 왼발을 크게 자신의 오른쪽 앞으로 내디디고, 양발을 축으로 오른쪽으로 약 180도 전환, 방향을 바꾼다. 더욱 오른발을 1보 앞으로 내디디면서 아래로 쳐내며 상대를 쓰러뜨린다.

〔요점〕

상대의 오른쪽 주먹을 반드시 수도(手刀)로 제지하고, 거짓으로라도 잡으려고 해서는 안된다. 스피드 있는 움직임의 것을 잡으려고 하면, 자기의 자세만 흐뜨러지게 된다.

찌르기에 대해서는 반신의 준비 자세에서 반드시 입신으로 상대 측면으로 들어가는 것을 잊어서는 안된다.

회전 던지기

합기도의 움직임은 '공과 같이 둥글게' 라고 일컬어지고 있다. 이 회전 던지기는 그런 의미에서 자타 일체가 되어 움직이는 타원을 그려내듯이 하는 기법으로, 그 대표적인 것이다. 또 이 기법에 있어서 전수신

(前受身)의 단련은 매우 많이 사용되고 있다.

한손 잡아 회전 던지기

상대와의 준비 자세 방법, 손 잡는 방법 등으로 같은 회전 던지기라
도 움직임이 매우 달라지게 된다. 지금 여기에서는 내회전(內回轉)과
외회전(外回轉) 2 가지를 설명하겠다.

(내회전)

〔기법의 개요〕

①-④ 상대가 오른쪽 손목을 잡으면 왼팔을 축으로 하여 오른쪽으로 배전, 왼
손 수도(手刀)로 상대의 움직임을 유인한다.

⑤-⑨ 이어서 오른쪽 주먹으로 상대의 면을 치고, 왼발을 상대의 오른쪽 측면
뒷쪽으로 옮긴다. 오른발을 더욱 앞으로 크게 내디디면서 왼쪽으로 크게 한바퀴 돌
아 방향을 바꾼다. 왼손은 수도상(手刀狀)으로 크게 휘두르면서 몸에 수반한다.

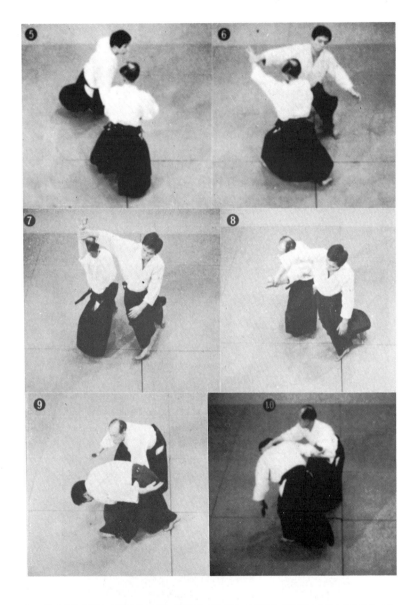

　⑩-⑫ 더욱 왼쪽 수도(手刀)를 아래로 쳐내고, 동시에 왼발을 뒤로 옮기고, 그 왼발을 축으로 하여 상대의 손목, 머리를 누르면서 오른쪽으로 배전, 상대를 앞쪽으로 쓰러뜨린다.

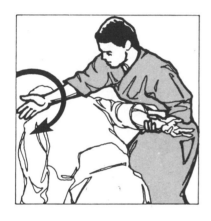

[원 포인트]

　상대의 머리와 손목을 누르며 쓰러뜨
리는 것과 동시에, 어디까지나 둥글게
발을 놀릴 것.

(외회전(外回転))

〔기법의 개요〕

①－④ 상대가 왼손 손목을 잡으면, 왼손 수도(手刀)를 아래에서부터 왼쪽으로 회전시키면서, 왼발을 상대의 오른쪽 옆면 약간 앞쪽으로 이동시키고, 그 왼발을 중심으로써 오른쪽으로 배전한다. 그 몸의 움직임과 함께 왼쪽 수도(手刀)를 오른쪽으로 돌리면서 수도(手刀) 부분은 상대의 오른쪽 손목에 건다.

⑤ 이어서, 왼발을 뒤로 돌리는 것과 함께 왼손 수도(手刀)를 아래로 쳐내고, 그 왼손에 연결되어 있는 상대의 오른손을 통하여 상대의 자세를 앞쪽으로 무너뜨린다.

⑥－⑧ 더욱 상대의 왼쪽 손목, 머리를 양 수도(手刀)로 제지하면서 상대를 앞으로 둥글게 쓰러뜨린다.

〔요점〕

던질 때는 손목 잡는 방법이 중요. 아래에서부터 큰 호를 그리면서, 위에서 눌러

위로 돌리듯이 동작을 취한다.
　연습의 경우 조화있게 원을 도는 연습을 하여 최후 수신도 결코 무리없는 쉬운 상태로 할 수 있도록 해 두면, 전수신(前手身)의 좋은 단련법이 되기도 한다.

정면 찔러 회전 던지기

　찌르기는 매우 스피드 있는 것으로, 스피드 있는 상대의 주먹을 수도(手刀)로 유인해 내는 여유있는 발놀림이 필요하다.
　〔기법의 개요〕
　①-③ 상대가 오른쪽 주먹으로 찔러들어오면 입신으로 들어가 왼쪽 수도(手刀)로 제지한다.
　④-⑩ 이어서, 왼손 수도(手刀)로 찔러들어오는 상대와 오른쪽 주먹을 자신의 움직임에 추종시키면서, 왼발을 상대의 오른쪽 측면 뒷쪽으로 이동시키고, 그 왼발을 축으로 크게 오른쪽으로 배전, 양 수도로 왼쪽 손목, 머리를 누르고, 상대를 앞으로 둥글게 쓰러뜨린다.

〔원 포인트〕

　스피드 있는 찌르기에 대해서는, 반신의
준비 자세에서 입신으로 상대의　측면으로
들어가, 찔러들어오는 주먹을 수도(手刀)로
제지하는 것이 원칙.

뒤 양 손목 잡아 회전 던지기

　앞에서도 언급한 것과 같이, 뒤에서부터 양 손목을 잡히는　경우는,
손바닥을 위로 향하고 손목을 허리에 대고, 허리의 움직임을 이용하여

양손을 크게 흔들 것.

[기법의 개요]

①-⑥ 상대가 뒤에서부터 양 손목을 잡으면,
상대의 움직임을 그대로 자신의 양손을 통하여
왼쪽으로 전환시키면서, 더욱 양손을 수도상(手
刀狀)으로 크게 흔들어 상대의 자세를 무너뜨
린다.
⑦ 이어서 오른발을 상대의 왼쪽 뒤로 크게 이동시키는 것과 동시에 크게 밀어

올린다.

ⓑ - ⓒ 왼쪽 수도(手刀)로 상대의 머리를 누르고, 왼쪽·오른쪽 양손으로 앞으로 압박하면서 둥글게 쓰러뜨린다.

〔요점〕

뒤로의 기는 몸을 돌릴 때 이 움직임만으로 상대가 완전히 쓰러질 수 있도록 반드시 크게 상대의 뒷쪽으로 움직일 것.

〔원 포인트〕

양 수도(手刀)를 크게 흔들었으면, 단 숨에 쳐내리는 것에 의해 상대의 자세를 무너뜨릴 것.

굳히기(固技)

아무리 변화시키려 해도 굳히기(固技)는 항상 정면타(正面打), 팔 누르기(제 1 교〈教〉), 표리의 기법이 기본이 되어 있다. 그러므로 어느 기나 이 팔 누르기를 머리에 그리면서 연습하도록 한다.

또, 움직임이 중복되는 경우는 특히 표기 또는 리기만을 설명했다.

팔 누르기 (제 1 교(教))
한손 잡아 팔 누르기

상대에게 자신의 손목을 잡힌 경우를 상상한 기법인데, 여러가지 경우가 있으나 대표적인 상반신의 경우와 역반신의 경우에 대한 설명에 의해 이해해 주기 바란다.

표기(表技) (상반신의 경우)

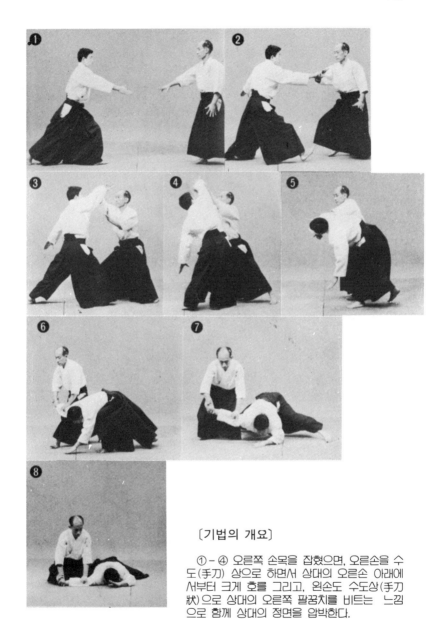

〔기법의 개요〕

①-④ 오른쪽 손목을 잡혔으면, 오른손을 수도(手刀) 상으로 하면서 상대의 오른손 아래에서부터 크게 호를 그리고, 왼손도 수도상(手刀狀)으로 상대의 오른쪽 팔꿈치를 비트는 느낌으로 함께 상대의 정면을 압박한다.

⑤-⑧ 더욱 양 수도(手刀)로 상대의 오른팔을 쳐내리는 듯한 모양으로, 상대의 오른쪽 옆면에 상대의 오른팔을 통하여 엎어뜨리면서 쓰러뜨려 누른다.

리기(裏技)

〔기법의 개요〕

①-⑧ 오른손 손목을 잡혔으면, 왼발을 상대의 오른쪽 측면으로 돌리고, 그 왼발을 축으로 하여 크게 배전, 양손은 수도상(手刀狀)으로 크게 호를 그리면서 상대의 오른팔을 자신의 몸에 수반시키고, 상대를 제압하여 누른다.

〔요점〕

표리 양기 모두 상대에게 손목을 잡혀 수도상(手刀狀)으로 아래에서 크게 호를

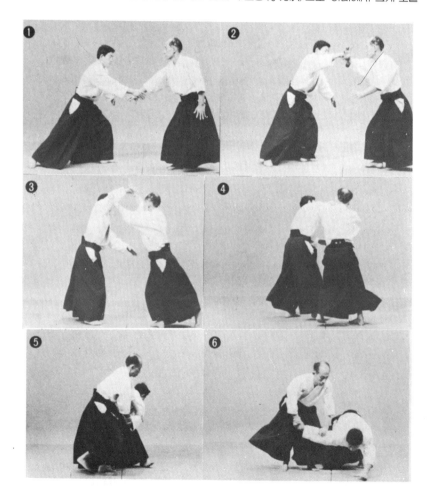

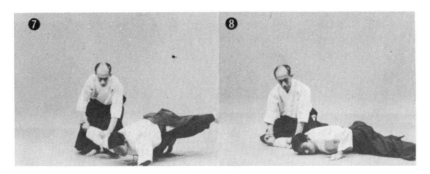

그럴 때, 팔만으로가 아닌, 허리, 무릎 등 몸 전체의 움직임을 집약시켜 크게 움직여야 한다.

특히 리기의 경우, 뒷쪽으로 당기는 것이 아니고, 쳐내는 듯한 상태로 상대의 팔을 당길 것.

표기 (역반신(逆半身)의 경우)

〔기법의 개요〕

① ~ ③ 상대에게 왼쪽 손목을 잡혔으면, 오른쪽 주먹으로 상대의 안면을 치고,

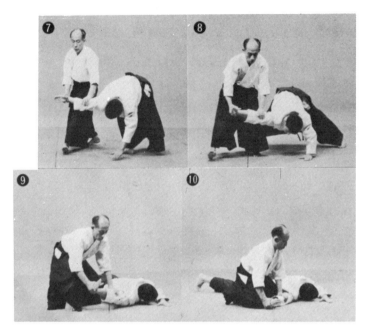

더욱 그 오른쪽 주먹을 수도(手刀)로써 상대의 오른팔을 제지하면서, 오른발을 축으로 하여 오른쪽으로 배전, 상대의 자세를 무너뜨린다.

④-⑩ 이어서 오른손으로 상대의 손등에서부터 덮어씌우듯이 잡고, 오른쪽으로 비틀면서 왼쪽 수도(手刀)로 그 팔꿈치를 제지하고, 상대 오른쪽 측면으로 이동하면서 상대를 덮어씌우듯 제지하며 누른다.

어깨 잡아 팔 누르기

표기

〔원 포인트〕

상대의 팔을 제지하고, 왼쪽 뒤로 배전하면서 오른손 수도(手刀)로 상대를 당긴다.

〔기법의 개요〕

①-⑤ 상대에게 어깨를 잡혔으면, 오른손 수도(手刀)로 상대의 오른팔을 제지하면서, 오른발을 축으로 하여 왼쪽으로 배전, 상대의 자세를 무너뜨린다.

⑥-⑪ 이어서 한손 잡아 팔 누르기 (역반신의 경우)와 마찬가지로, 오른손으로 상대의 오른손 손등에서부터 수도상(手刀狀)으로 하여 오른쪽 팔꿈치를 제지하고, 상대의 오른쪽 측면으로 돌면서 엎어뜨려 누른다.

〔요점〕

상대가 오른손으로 잡은 왼쪽 어깨를 충분히 이용하고, 양손으로 상대의 오른팔

을 공격할 때, 허리를 오른쪽으로 회전하면서 자신의 몸 전체의 힘이 어깨를 통하여 상대의 오른쪽 팔에 작용하고, 상대의 자세를 어디까지나 쓰러뜨리는 데에 전력을 다해야 한다.
　왼쪽 팔꿈치를 제지하는 왼손 수도(手刀)는 상대의 왼쪽 앞으로 강렬하게 호를 그리면서 찔러 내리도록 명심해야 한다.

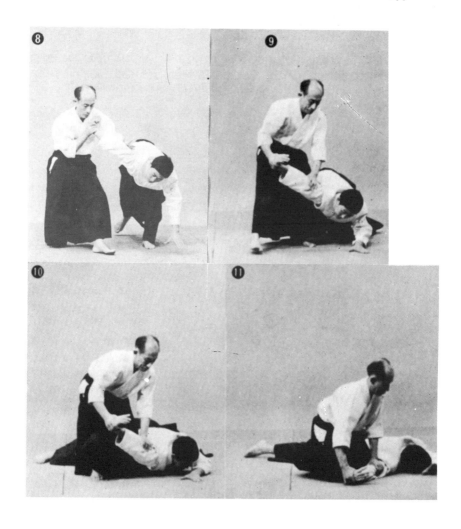

찔러 팔 누르기

변화가 많은 것 중에서도 대표적인 경우를 2 가지 들어보기로 하겠다.

표기   (상대의 안쪽에서 몸을 변화시키는 경우)

〔기법의 개요〕

①－③ 상대가 오른쪽 주먹으로 찔러들어오면, 오른발을 자신의 조금 오른쪽앞

154

으로 이동시키고, 그 오른발을 중심으로 하여 오른쪽으로 배전하면서 오른쪽 수도 (手刀)로 상대의 오른팔을 제지한다.
④-⑨ 더욱 오른팔의 흐름을 오른손으로 이끌면서, 상대의 오른손 손등 부분을 덮어씌우듯이 잡고, 그 자신의 오른손을 오른쪽으로 크게 호를 그리면서 돌리는 것과 동시에, 왼손 수도 (手刀)로 오른쪽 팔꿈치를 제지하고, 상대를 왼쪽 앞으로

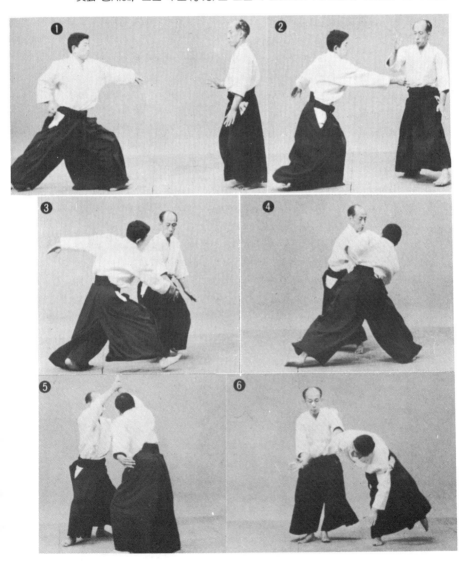

압박하면서 상대의 오른쪽 측면으로 내디디면서, 상대의 오른팔을 통하여 엎어뜨려 누른다.

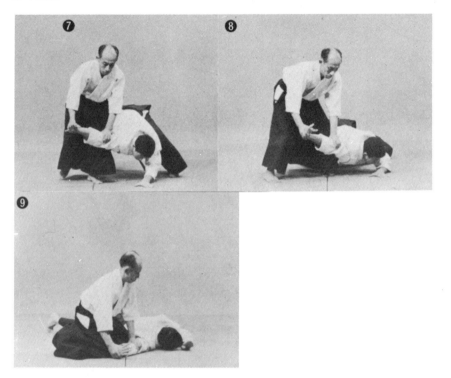

리기 (상대의 밖쪽에서 몸을 변화시키는 경우)

156

〔기법의 개요〕

①-④ 상대가 오른쪽 주먹으로 찔러들어오면, 왼발을 자신의 왼쪽 조금 안으로 내디디고, 그 왼발을 중심으로 하여 크게 오른쪽으로 배전한다. 동시에 양손을 수도상(手刀狀)으로 하여 그 오른팔을 제지하고 상대를 쓰러뜨린다.

⑤-⑦ 더욱 오른팔을 잡으면서 상대의 흐뜨러진 몸을 그대로 배전시켜, 상대를 앞으로 내려 쓰러뜨려 누른다.

〔요점〕

찔리는 기의 경우, 오른쪽·왼쪽 어느 쪽이나 자신이 몸을 움직이는 방향으로 조금 1보 내디디고, 입신의 자세를 만드는 것이 중요.

찌르기의 스피드를 멈추기 위해서 전신에서 나온 호흡력이 수도(手刀)로 작용하지 않으면 안된다. 그러므로 몸을 돌릴 때 조금이라도 흐뜨러져서는 안된다.

뒤 양손목 잡아 팔 누르기 　표기

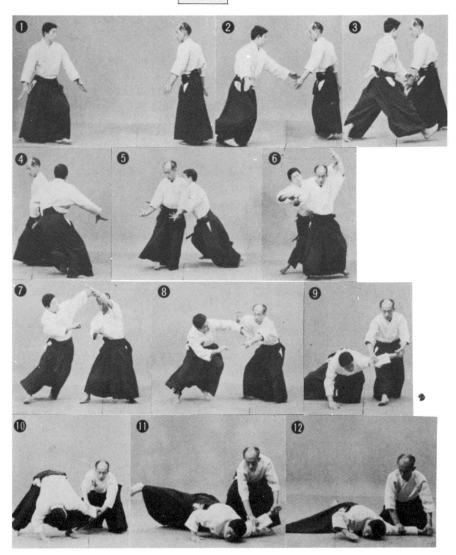

〔기법의 개요〕

①-⑧ 상대가 뒷쪽으로 돌면서 양손목을 잡으면, 왼발을 축으로 상대의 움직임을 유인하면서 앞으로 돌리고 양손을 수도상(手刀状)으로 하여 상대의 양손을 유인하면서 크게 흔든다.

⑦-⑫ 이어서 오른발을 뒤로 당기면서 양손을 아래로 쳐내자 마자 오른손 수도(手刀)로 상대의 왼쪽 팔꿈치를 제지한다. 이것과 동시에, 왼손을 상대의 왼손에 대면서, 자신의 앞쪽에서부터 뒷쪽으로 상하로 돌리면서 그 손등에서부터 잡아, 상대를 왼쪽 앞으로 압박하여 몸을 이동시키면서 앞어뜨려 쓰러뜨린다.

〔요점〕

양손을 앞으로 내면서 흔드는 경우, 항상 나선형으로 작용하고, 상대의 양 엄지를 공격하듯 동작시킬 것.

왼손으로 상대의 왼손 관절을 돌리면서 잡을 때, 오른쪽 수도(手刀)로 상대의 왼쪽 팔꿈치를 움직이지 못하도록 완전히 고정시키지 않으면 방향을 바꾸기가 쉽지 않다.

소수(小手) 돌리기 (제 2 교(敎))

한손 잡아 소수 돌리기

'팔 누르기'의 경우와 마찬가지로 상반신의 경우와 역반신의 경우를 상상하여 그 대표적인 기법을 설명하겠다.

표기 (상반신의 경우)

〔기법의 개요〕

①－⑨ 상대의 오른손으로 오른쪽 손목을 잡아오면, 오른쪽 손가락 끝을 통하여 전신의 호흡력을 내면서, 상대 오른손 아래쪽에서 오른쪽으로 크게 호를 그리면서, 상대의 오른팔을 통하여 '한손 잡아 팔 누르기 (상반신의 경우 표기)'와 같이 상대를 쓰러뜨려 누른다.

⑩－⑫ 이어서 오른쪽 무릎으로 상대의 오른쪽 어깨, 왼쪽 무릎으로 상대의 오른쪽을 압박하면서 쓰러져 있는 상대의 정면으로 마주한다. 오른쪽 손목을 자신의 왼팔 팔꿈치 관절 안쪽으로 껴안고, 오른손으로 오른쪽 팔꿈치를 누르고, 상대의 머리쪽으로 팔을 제압한다.

〔원 포인트〕

옆어뜨려 눌렀으면 상대의 오른손 손목을 왼팔의 팔꿈치 관절 안쪽으로 껴안아, 오른손을 수도상(手刀狀)으로 하여 오른쪽 팔꿈치를 누른다.

한손 잡아 소수(小手) 돌리기 | 리기 |

〔기법의 개요〕

①-⑤ 상대에게 오른쪽 손목을 잡혔으면, 왼발을 상대의 오른쪽 앞쪽, 오른발을 약간 자신의 왼쪽 뒤로 돌려 상대와 마주하면서, 오른손을 수도(手刀) 모양으로 하여 상대의 오른손 손목 아래쪽에서 오른쪽으로 감듯이 작용시키고, 오른쪽 손목 관절을 공격한다. 그 때 상대의 오른손을 왼손으로 누르고, 오른쪽 수도(手刀)로 상대의 오른쪽 어깨 아래로 나선상으로 찔러내듯 쳐내린다.

⑥-⑫ 이어서 양손으로 상대의 오른팔을 제지하면서 왼발을 축으로 배전, 엎어뜨리고, '표기'와 마찬가지로 상대의 오른팔을 껴안아 제압한다.

〔요점〕

리기에서 손목 관절을 꺾는 경우, 반드시 상대의 측면에서 반신으로 준비 자세를 취하고, 자신의 팔을 잡은 상대의 손은, 그 위에서 자신의 또 한쪽 손으로 고정시켜, 피할 수 없도록 단단히 해 두어야 한다.

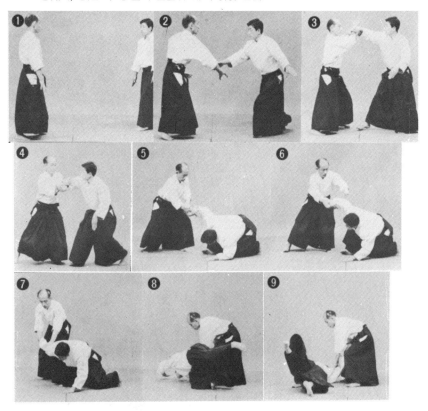

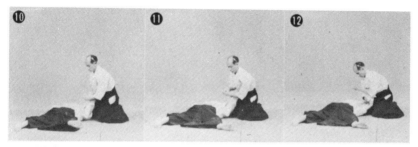

〔원 포인트〕

　마지막으로 팔을 꺾는 경우, 팔을 기점으로 몸을 둥글게 움직이면서 상대의 팔을 상대의 머리쪽으로 공격하면 효과가 적어진다.

한손 잡아 소수(小手) 돌리기　표기　(역반신의 경우)

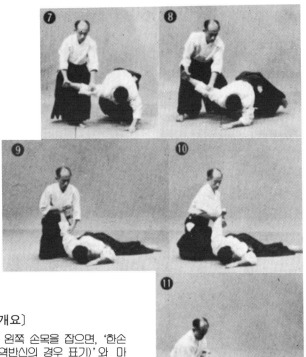

〔기법의 개요〕

①-⑪ 상대가 왼쪽 손목을 잡으면, '한손 잡아 팔 누르기(역반신의 경우 표기)'와 마찬가지로, 그 상대의 오른팔을 양손으로 제지하면서 옆어뜨려 쓰러뜨린다.
이어서 쓰러진 상대에게 정면으로 마주하면서 오른팔을 껴안아 꺾는다.

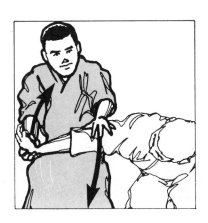

〔원 포인트〕

오른손 수도(手刀)로 상대의 팔꿈치를 껴안고, 오른손으로 손목을 비틀면서 상대를 옆어 쓰러뜨린다.

리기

〔원 포인트〕
상대방의 오른손을 비틀어 자기의 오른쪽 어깨에 붙이고, 다음에 왼쪽 팔꿈치를 돌려 손목과 관절을 눌러 꺾는다.

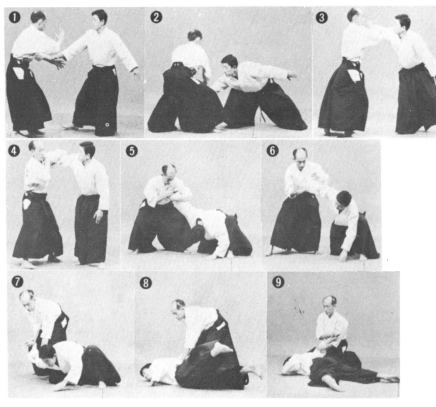

〔기법의 개요〕

①-② 상대가 왼쪽 손목을 잡으면, 오른발을 축으로 하여 오른쪽으로 배전한다. 동시에 오른쪽 주먹으로 상대의 안면을 일격, 양손을 수도상 (手刀狀)으로 하면서 상대의 오른손을 자신의 몸과 같은 방향으로 제지한다.

③-⑥ 이어서 왼발을 상대의 오른쪽 앞면으로 1보 내디디고, 왼쪽으로 배전하면서 상대와 반신으로 정면으로 마주한다. 그 때, 오른손으로 상대의 오른손 손등을 잡고, 오른쪽으로 약간 비트는 기분으로 자신의 오른쪽 어깨에 붙이고, 왼손으로 상대의 오른쪽 팔꿈치를 껴안도록 하며 오른쪽 손목을 잡는다.

더욱 허리를 오른쪽으로 돌리면서 왼쪽 옆구리를 조이고, 상대의 손목과 팔꿈치 관절을 꺾는다.

⑥-⑩ 다음에 '상반신의 리기'와 마찬가지로 왼발을 축으로 배전, 상대를 엎어 쓰러뜨리고 대좌하여 꺾는다.

〔요점〕

소수(小手) 돌리기는 소수(小手) 비틀기와 함께 합기도 기법에 있어서 대표적인 관절 기법이다. 그러나 관절은 일상 생활 중 기계적으로 한쪽 방향으로밖에 움직이지 않고 있기 때문에, 이 단련은 서서히 익히지 않으면 안된다.

상대의 관절을 꺾을 때, 관절만 잡지 말고 상대의 자세를 무너뜨리는 것이 본 뜻. 또, 꺾는 경우에도 손끝만의 힘에 의존하지 말고, 몸의 전체 힘으로 상대를 제지하는 것이 중요.

어깨 잡아 소수(小手) 돌리기

표기

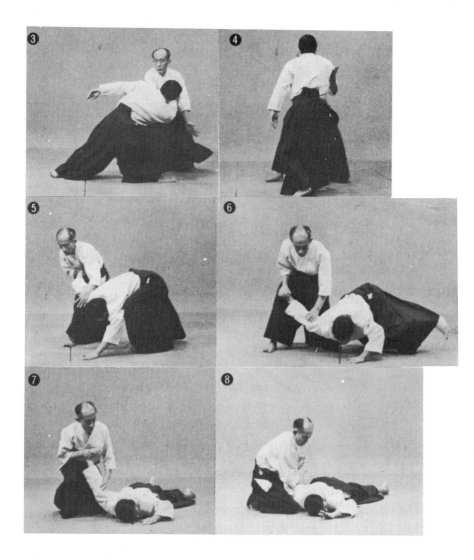

〔기법의 개요〕

①-④ 상대에게 왼쪽 어깨를 잡혔으면, '한쪽 손 잡아 소수(小手) 돌리기 (역반 신의 경우 표기)'의 움직임과 마찬가지로, 왼쪽 어깨를 잡은 상대의 오른쪽 팔을 양손으로 제지한다.

⑤-⑧ 상대를 옆어 쓰러뜨리고, 오른쪽 측면에서 대좌하면서 그 오른팔을 꺾는다.

리기 어깨 잡아 소수(小手) 돌리기

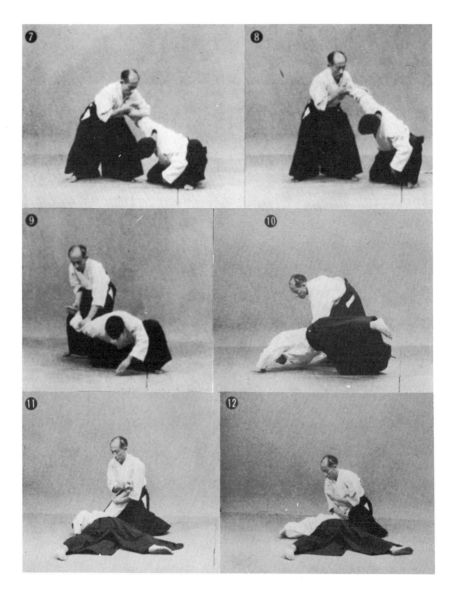

〔기법의 개요〕

①-⑫ 상대가 왼쪽 어깨를 잡으면, 상대의 오른쪽 앞에서 상대의 오른쪽 팔 관절을 공격, 더욱 왼발을 축으로 하여 배전, 상대를 엎어쓰러뜨리고 오른팔을 꺾는

다.

〔요점〕

상대가 어깨를 잡았으므로 그것을 이용하여 자신의 전신의 움직임, 호흡력이 상대에게 작용하도록, 어디까지나 어깨를 잡은 상대의 관절을 공격하는 것이 중요.

찌르기 소수(小手) 돌리기

찔린 경우, 왼쪽·오른쪽 어느쪽이나 몸을 변화시켜도 대응할 수 있도록 그 양쪽에 대해서 설명하겠다.

표기 (상대의 안쪽에서 몸을 변화시키는 경우)

이 기는 상대의 안쪽에서 몸을 변화시키는 경우의 찔러 팔 누르기 표기와 움직임은 같다.

〔기법의 개요〕

①-⑦ 상대가 오른쪽 주먹으로 찔러들어오는 경우, 오른발을 축으로 하여 왼쪽으로 배전, 그 오른팔은 크게 호를 그리듯이 오른쪽으로 양수도(手刀)로 돌리고 엎어쓰러뜨린다. 오른쪽 측면에서 정좌하면서 상대의 오른팔을 꺾는다.

리기 찌르기 소수(小手) 돌리기

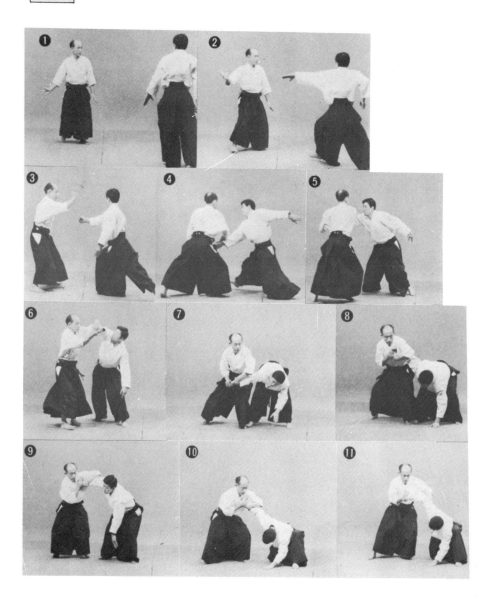

〔기법의 개요〕

①-④ 상대가 오른쪽 주먹으로 찔러들어오면, '표기'와 마찬가지로 몸을 돌려, 그 오른쪽 주먹을 제지한다.

⑤-⑮ 이어서 상대의 오른손 손등에서부터 오른손으로 잡고, 왼발을 상대의 오른쪽 앞 측면으로 이동한다.

그 왼발을 축으로 하여 오른쪽으로 배전하면서, 상대의 오른손 손목 관절을 자신의 왼쪽 어깨에 대고, 앞에서 기술한 '어깨 잡아 팔 누르기의 리기(裏技)'와 마찬가지로, 그 오른팔 관절을 공격하는 것과 함께, 더욱 왼발을 축으로 배전하고, 쓰러뜨려 꺾는다.

리기 (상대의 밖쪽에서 몸을 변화시키는 경우)

〔기법의 개요〕

①-③ 상대가 오른쪽 주먹으로 찔러들어오면 왼발을 상대의 조금 오른쪽 앞으로 이동시키고, 그 오른발을 축으로 하여 배전, 왼쪽 수도(手刀)로 상대의 오른쪽 주먹을 제지한다.

④-⑥ 이어서 왼손으로 상대의 오른쪽 손목을 잡고, 그 오른쪽 주먹의 움직임을 이용하면서, 더욱 왼발을 돌려 조금 배전하는 느낌으로 몸을 돌린다. 상대의 오른손을 크게 아래에서 호를 그리듯 오른쪽 어깨에 대고, 오른손으로 손등을 잡는 것과 함께 자신의 왼팔로 상대의 오른쪽 팔꿈치를 껴안는다.

⑦-⑧ 이어서 무릎을 오른쪽으로 돌리면서 상대의 오른팔 관절을 꺾는다.

〔요점〕

팔꿈치 관절의 단련은 급격하게 실시하면 다칠 가능성이 높으므로 특히 주의할 필요가 있다.

특히 이 단련법은 허리의 회전이 매우 중요하므로, 마지막 꺾기도 허리의 회전과 함께 옆구리를 충분히 살릴 것.

172

뒤 양 손목 잡아 소수(小手) 돌리기　표기

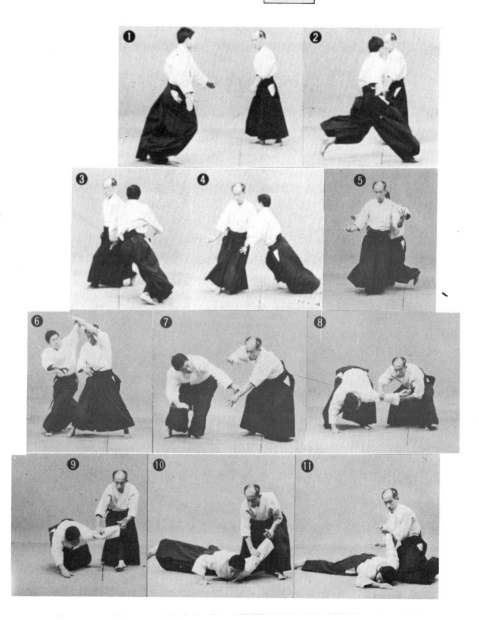

[기법의 개요]

①–⑫ 앞에서 기술한 '뒤 양 손목 잡아 팔 누르기'와 움직임은 같다. 즉, 뒤에서부터 양 손목을 잡은 상대를, 자신의 양손을 수도상(手 刀狀)으로 작용시키면서 자신의 오른쪽 앞으로 이끌어, 자세를 무너뜨리고 앞으로 쓰러뜨린다.

그리고, 쓰러진 상대에게 측면에서부터 대좌 하면서 상대의 왼팔을 꺾는다.

리기

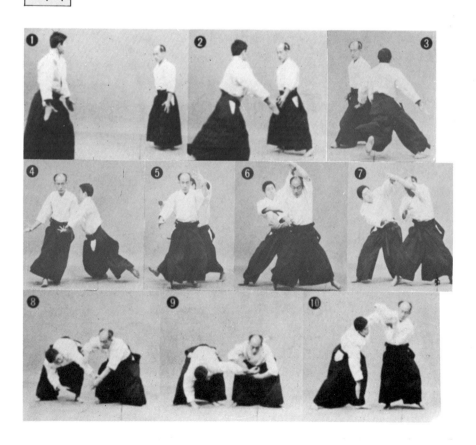

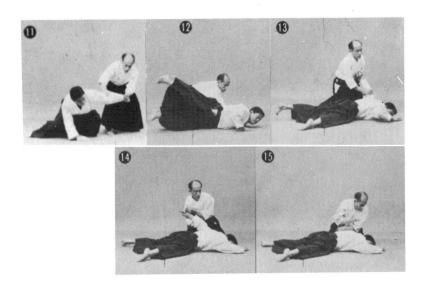

〔기법의 개요〕

①-⑧ '표기'와 마찬가지, 상대가 뒤에서 돌아 양 손목을 잡으면, 왼발을 축으로 하여 앞으로 돌면서 자신의 양손을 수도상(手刀狀)으로 흔들고, 그것과 동시에 상대의 왼쪽 측면 뒷쪽으로 몸을 이동.

⑨-⑮ 이어서 오른손 수도(手刀)로 상대의 왼쪽 팔꿈치를 누르면서, 자신의 왼손으로 상대의 왼쪽 손목을 윗쪽에서 앞쪽 아래로 돌리면서 그 손의 손등을 잡고, 기본기로 '앞면 쳐 소수(小手) 돌리기 리기(裏技)'와 마찬가지 동작으로 상대를 엎어쓰러뜨려 꺾는다.

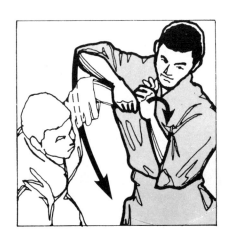

〔원 포인트〕

상대의 손목을 양손으로 비틀면서 허리를 돌리고 팔꿈치로 상대를 앞으로 엎어 쓰러뜨린다.

〔요점〕

　오른발을 축으로 배전하면서 왼팔을 꺾는 경우, 상대의 움직임에 따라 그 왼손 관절을 자신의 왼쪽 어깨에 대는 경우와 오른쪽 어깨에 대는 경우가 생기는데, 왼쪽 어깨에 대는 때는 크게 껴안아 왼쪽 팔꿈치를 옆구리로 꺾는다.

소수(小手) 비틀기 (제 3 교(教))

한손 잡아 소수(小手) 비틀기

여기에서도　상반신의 경우와 역반신의 경우로 나누어 설명하겠다.

(상반신의 경우) 　표기

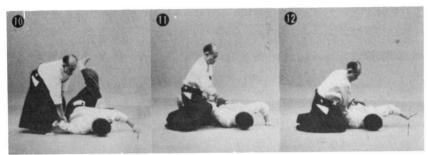

〔기법의 개요〕

①－⑥ '한손 잡아 팔 누르기(상반신의 경우 표기)'와 마찬가지 움직임으로, 상대의 오른팔을 제지하면서 자신의 왼쪽면 조금 아래로 상대의 몸을 무너뜨린다.

⑦ 이어서, 오른손으로 상대의 오른쪽 손가락 끝을 상대의 어깨 방향으로 약간 비트는 느낌으로 찔러올리고, 왼손으로 자신이 잡고 있는 상대의 오른손을, 그 손등쪽에서부터 손가락을 상대의 약지 뿌리 근육에, 다른 손가락은 상대의 손등쪽에서 손바닥에 걸어 잡고, 상대 오른쪽 어깨 방향으로 비틀어 올린다.

⑧－⑫ 그리고 오른손을 상대의 오른쪽 팔꿈치에 거는 것과 함께, 오른발을 상대의 오른쪽 앞으로 이동시키고, 그 오른발을 축으로 하여 배전, 양손으로 상대의 오른팔을 공격하면서 기본기인 '정면타(正面打) 소수(小手) 비틀기 기법'과 마찬가지로 상대를 엎어 쓰러뜨려 꺾는다.

리기

〔기법의 개요〕

①-⑥ '한손 잡아 팔 누르기(상반신의 경우 리기)'의 움직임과 마찬가지로, 상대의 오른쪽 측면으로 이동한 왼발을 축으로 하여 더욱 배전, 상대의 오른팔을 양손으로 누르면서 상대를 무너뜨린다.

⑦ 이어서 '표기'와 같이 상대의 오른손을 왼손으로 바꾸어 잡고, 오른손을 붙이면서 상대의 오른쪽 어깨 방향으로 비트는 느낌으로 찔러올려 상대를 공격.

⑧-⑪ 오른발을 자신 뒤로 돌리면서 오른쪽 수도(手刀)로 상대의 오른쪽 팔꿈치를 누르고, 양손으로 그 오른팔을 통하여 쓰러뜨려 꺾는다.

〔요점〕

표기는 앞으로만 돌고, 리기는 뒤로만 도는 것이 움직임의 특징.

상대의 손을 비트는 느낌으로 찔러올리는 경우, 반드시 몸 전체의 움직임이 집약되어 상대에게 통하도록 전력할 것. 상대의 팔을 공격하는 것에 정신을 빼앗겨, 손끝에 힘을 주는 것에만 의존하지 않도록 주의한다.

한손 잡아 소수(小手) 비틀기

표기   (역반신의 경우)

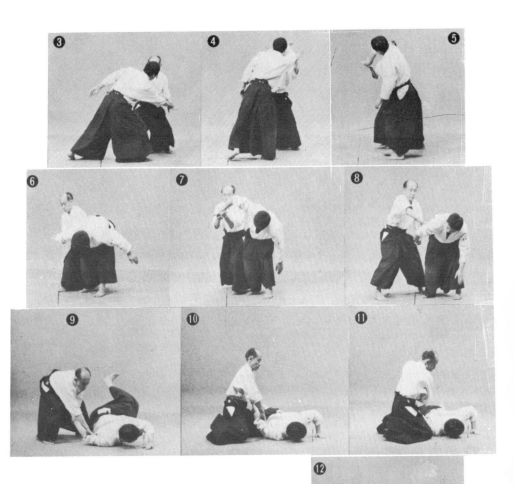

〔기법의 개요〕

①-⑥ '한손 잡아 팔 누르기(역반신의 경우 표기)'와 같은 동작으로 상대의 자세를 무너뜨린다.

⑦-⑫ 이어서 오른손으로 잡은 상대의 오른손 손등 부분을, 왼손 수도(手刀)로 상대의 오른쪽 팔꿈치를 누르면서 상대의 어깨 방향으로 비트는 느낌으로 찔러올리고, '상반신인 경우 표기'와 마찬가지로, 왼손으로 상대의 오른손 손등 부분을 바꾸어 잡는다.

리기

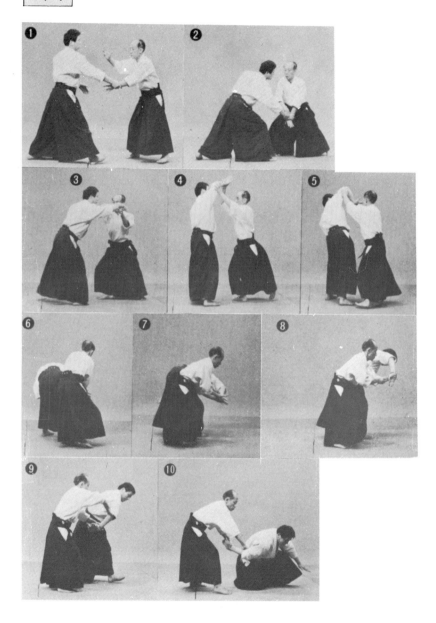

〔기법의 개요〕

　①－⑥ '한손 잡아 팔 누르기(역반신의 경우 리기)'와 같은 동작으로 상대의 자세를 무너뜨린다.

　⑦－⑮ 이어서, 오른손으로 잡고 있던 상대의 오른손 손등 부분을 왼손으로 바꾸어 잡고 '상반신의 경우 리기'와 마찬가지로,오른발을 뒤로 돌리면서 상대의 오른팔을 통하여 상대를 쓰러뜨려 꺾는다.

〔요점〕

　상대의 손을 바꾸어 잡을 때, 상대의 팔꿈치를 수도(手刀)로 충분히 누르고, 완전하게 상대의 몸을 무너뜨리는 것이 중요.

어깨 잡아 소수(小手) 비틀기

　앞에서 기술한 '한손 잡아 소수(小手) 비틀기(역반신인 경우)'에서, 상대가 손목을 잡은 경우를, 어깨를 잡은 경우로 바꾸어 놓고 생각하면, 그 움직임, 동작은 모두 일치한다.

표기

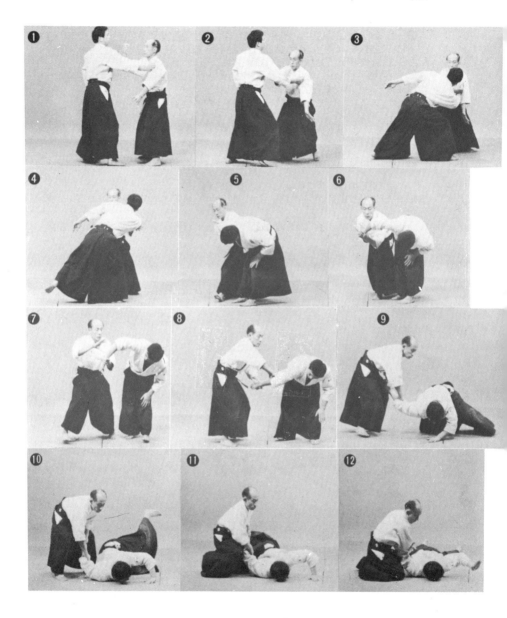

〔기법의 개요〕

①-⑫ 상대가 오른손으로 왼쪽 어깨를 잡으면, 오른발을 축으로 하여 오른쪽으로 배전, 오른손 수도(手刀)로 상대의 오른손을 제지하면서 그 오른손으로 상대의 오른손 손등 부분을 덮어씌우듯이 잡을 것.

팔 누르기의 요령으로 상대를 제지 하면서 상대 오른손 손등 부분을 왼손으로 돌려 잡고, 상대를 엎어 쓰러뜨려 꺾는다.

리기

〔기법의 개요〕

①-⑫ 상대가 오른손으로 왼쪽 어깨를 잡으면, 팔 누르기 리기의 요령으로 상대를 제지하면서, 오른손으로 잡은 상대의 오른손 손등 부분을 왼손으로 바꾸어 잡는다.

그리고, 왼발을 축으로 하여 배전하면서 상대의 오른팔을 축으로 하여 상대를 엎어 쓰러뜨려 꺾는다.

〔요점〕

어깨를 잡은 상대의 손을 바꾸어 잡는 경우, 반드시 어깨도 그 손에 밀착시켜 자신의 몸 전체의 움직임으로 상대를 제지하면, 상대에게 고쳐 일어날 기회를 주지 않게 된다.

찌르기 소수(小手) 비틀기

움직임이 중시되기 때문에, 상대의 안쪽에서 몸을 움직이는 경우는 표기만, 상대의 밖쪽에서 몸을 움직이는 경우는 리기만을 설명하도록 하겠다.

(상대의 안쪽에서 몸을 움직이는 경우)

표기

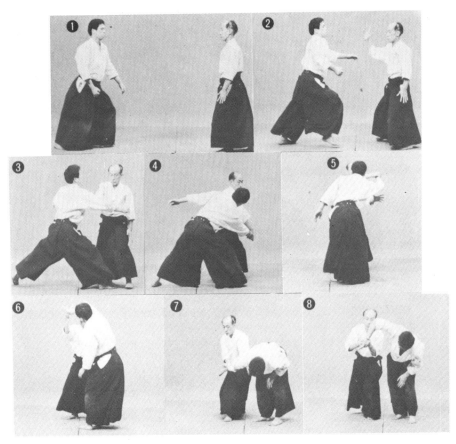

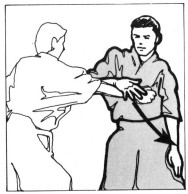

〔원 포인트〕
찔러들어오는 주먹을 입신으로 피하여
내리고, 그 힘을 이용하여 그대로 쳐내
어 몸을 무너뜨린다.

〔기법의 개요〕

①－⑦ 상대가 오른쪽 주먹으로 찔러들 어오면 '찔러 팔 누르기(상대의 안쪽에서 몸을 변화시키는 경우)'와 마찬가지로, 상대의 오른팔을 양손으로 제지시키고 몸을 무너뜨린다.

⑧－⑫ 이어서 소수(小手) 비틀기(역반신의 경우 표기)와 마찬가지로, 상대 오른손 손등 부분을 잡은 오른손을 상대 오른쪽 어깨 방향으로 비트는 기분으로 찔러 올려, 왼손으로 바꾸어 잡고, 상대의 오른팔을 공격하면서 앞어 쓰러뜨려 꺾는다.

리기

〔기법의 개요〕

①－④ 상대가 오른쪽 주먹으로 찔러들어오면, 왼발을 조금 왼쪽 앞으로 내디디고, 그 왼발을 축으로 하여 크게 배전, 왼쪽 수도(手刀)로 상대의 오른쪽 주먹을 제지한다.

⑤－⑥ 이어서, 오른손으로 상대의 오른쪽 주먹 등 부분에서부터 덮어씌우듯이 잡고, 자신의 왼손과 함께 상대의 오른쪽 어깨 방향으로 비틀면서 찔러올린다.

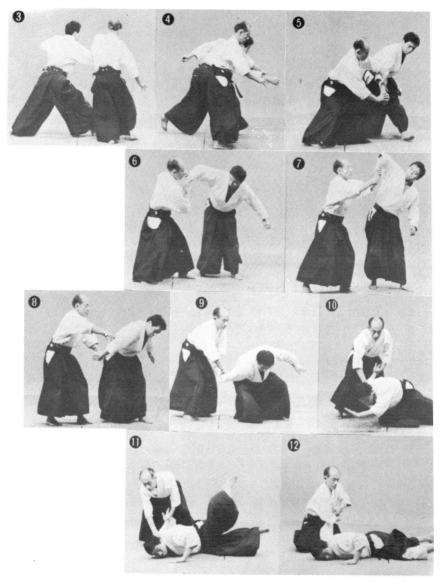

⑦-⑫ 그리고 오른손으로 잡은 상대의 오른손을 '소수(小手) 비틀기 (역반신의 경우 리기)'와 같이 왼손으로 바꾸어 잡고, 상대의 오른팔을 상대의 오른쪽 어깨 방향으로 비틀어 올리면서, 뒤로 몸을 돌려 그 오른팔을 제지하고, 엎어 쓰러뜨려 꺾는다.

〔요점〕

'상대의 왼쪽에서 몸을 변화시키는 경우'에 대해서는, 찔러들어오는 상대의 오른쪽 주먹 손등 부분이 위가 되도록 왼쪽으로 비틀면서 찔러가는 것이 이 기법이 특히 유효해지는 방법이다.

또, 찌르기 기이기 때문에, 확실한 입신 자세를 취해야 할 것은 물론이다.

뒤 양 손목 잡아 소수(小手) 돌리기

표기

〔기법의 개요〕

①-⑦ 상대가 뒤로 돌려 양
손목을 잡으면, 왼발을 축으로
하여 돌리면서 양손을 수도(手
刀)로 하여 나선상으로 크게 흔
든다. 왼발을 자기 뒷쪽으로 돌
리는 것과 함께, 그 양 수도(手
刀)를 쳐내면서, 왼손 손목을
잡은 상대의 왼손을 오른손으로
등 부분을 덮어씌우듯 잡는다.

⑧-⑫ 그 움직임을 멈추지
말고, 더욱 상대의 왼손을 오른
쪽으로 비틀면서 쳐내리고, 왼쪽
수도(手刀)로 상대의 왼쪽 팔꿈
치를 제지하면서, 오른발을 1 보 뒤로 돌리고, 상대의 왼팔을 통해 꺾는다.

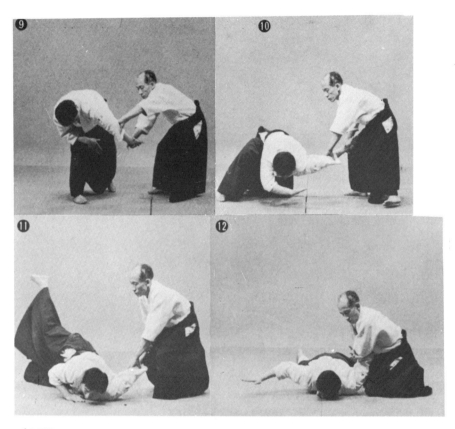

〔요점〕

　오른손으로 상대의 왼손을 잡은 경우, 상대의 왼손을 잡고 있는 자신의 왼손은 손바닥을 잘 벌리고, 호흡력이 끊임없이 그 손가락 끝을 통하여 나올 수　있도록 작용시키고, 상대의 손을 상대의 어깨 방향으로 압박하면, 상대의 손을 잡는 것은 어렵다.

손목 누르기 (제 4 교(教))

한손 잡아 손목 누르기

　여기에서도　상대에 대하여　상반신과　역반신 2 가지 경우를　설명하겠다.

표기 (상반신의 경우)

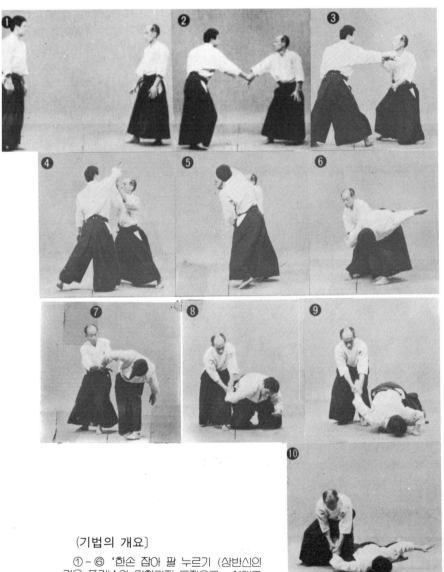

〔기법의 개요〕

①-⑥ '한손 잡아 팔 누르기 (상반신의
경우 표기)'와 마찬가지 동작으로 상대를
제지한다.

⑦ - ⑩ 이어서 오른손으로 상대의 오른손 손목을 잡고, 왼손으로는 그 잡고 있는 윗쪽, 상대의 오른손 맥박부에 자기의 왼손 인지 뿌리 근육이 닿도록 잡는다. 허리를 내리면서 오른쪽으로 돌리고, 몸 전체에서 나오는 호흡력을 왼손 인지의 뿌리 근육과 새끼 손가락에 모으고, 상대를 앞쪽으로 쓰러뜨려 꺾는다.

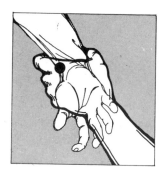

〔원 포인트〕

이 기에서는 팔의 급소를 공격하는데, 표기에서는 위에서부터 아래로 쳐내듯이 한 다음, 상대의 팔의 맥박 부분을 잡는다.

〔원 포인트〕

리기에서는 뒤로 호를 그리듯이 하기 위하여, 요골 부분을 인지의 뿌리 근육으로 단단히 누르는 것이 포인트.

리기

〔기법의 개요〕

①－⑤ 처음에는 '한손 잡아 팔 누르기 (상 반신의 경우 리기)'와 같은 동작으로, 왼발을 축으로 하여 오른쪽으로 크게 배전, 상대의 오른 팔을 통하여 상대의 자세를 무너뜨린다.

⑥－⑦ 이어서 상대의 오른쪽 손목을 오른손으로 단단히 잡고, 왼손으로 자신이 잡은 위치의 윗쪽을 오른손으로 나란히 잡는 것과 함께, 상대의 오른팔의 요골 부분에 대하여 자신의 왼손 인지의 뿌리 근육이 닿도록 한다.

⑧－⑩ 그 움직임을 멈추지 말고 왼발을 중심으로 하여 오른쪽으로 배전, 호흡 력을 왼손을 통하여 상대의 요골 부분에 집중시키면서, 자신의 비스듬한 왼쪽으로 누르며 꺾는다.

〔요점〕

표기는 상대의 팔 맥박 부분에, 리기는 상대의 팔 요골 부분에 자신의 인지 뿌리 근육을 확실하게 대는 것이 중요하다.

팔의 힘만으로 눌러붙이려 하는 과오를 범하기 쉬운데, 중심을 내리고, 허리의 회전에 의해 호흡력을 충분히 인지 뿌리 근육에서부터 상대의 팔에 전해지도록 힘 을 쏟을 것.

표기 (역반신의 경우)

[기법의 개요]

① - ⑥ 상대에게 왼쪽 손목을 잡히면, '한 손 잡아 팔 누르기(역반신의 경우 표기)' 와 마찬가지로, 상대의 오른팔을 양손으로 제지하고, 상대의 자세를 무너뜨린다.

⑦-⑩ 이어서 상대의 맥박 부분에 자기의 왼손 인지의 뿌리 근육이 닿도록 하
고, 양손으로 상대의 오른손 손목을 잡는다.

리기

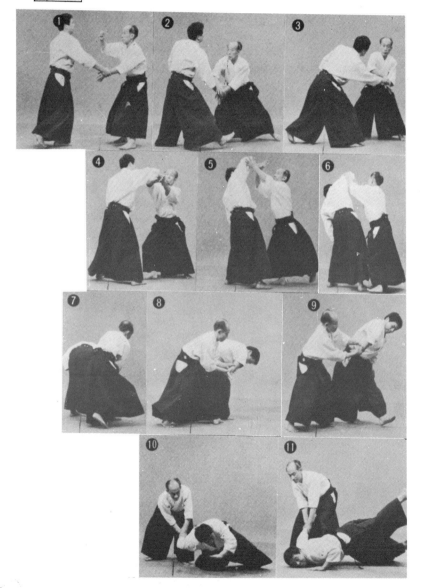

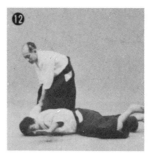

〔기법의 개요〕

①-⑦ 처음, '한손 잡아 팔 누르기(역반신의 경우의 리기)'와 마찬가지 움직임을 한다. 즉 왼손 손목을 잡은 상대의 오른팔을 오른쪽으로 크게 배전시키면서 양손으로 제지하고, 상대의 자세를 무너뜨린다.

⑧-⑫ 이어서 상대의 오른손 손등부분에서부터 잡은 오른손으로 상대를 제지하면서, 앞에서 기록한 '역반신의 경우 리기'와 마찬가지로 상대의 오른손 손목을 양손으로 고쳐잡는다. 상대의 오른손 요골부에 댄 자신의 왼손 인지 뿌리 근육을 통하여 양손으로 상대의 오른팔을 꺾고, 왼발을 중심으로 왼쪽으로 배전시키면서 쓰러뜨려 누른다.

〔요점〕

팔 누르기의 기본 자세로 상대를 확실하게 무너뜨리고, 다시 고쳐서지 않도록 자세를 유지하면서 양손으로 그 꺾을 수 있는 손목을 바꾸어 잡는 것이 무엇 보다도 중요하다. 이것은 여느 손목 누르기 기와도 관계가 된다.

어깨 잡아 손목 누르기

표기

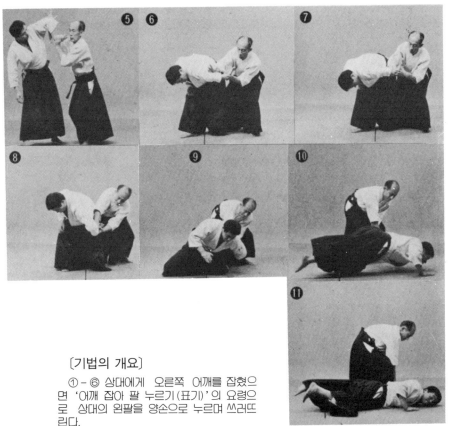

〔기법의 개요〕

①-⑥ 상대에게 오른쪽 어깨를 잡혔으면 '어깨 잡아 팔 누르기(표기)'의 요령으로 상대의 왼팔을 양손으로 누르며 쓰러뜨린다.

⑦-⑪ 이어서 앞에서 기록한 '한손 잡아 손목 누르기(역반신의 경우 표기)'와 마찬가지로 꺾고, 상대를 앞쪽으로 쓰러뜨려 누른다. 손목을 잡힌 경우(역반신의 경우)도, 어깨를 잡힌 경우도 움직임은 마찬가지인데, 잡힌 개소에 따라 상대를 무너뜨리는 허리, 발의 움직임이 약간 달라진다. 절각 상대가 손을 잡을 것이므로, 잡힌 개소에서 절대 떨어지지 않도록 하며, 전체 몸으로 그 개소를 꺾어야 한다.

찔러 손목 누르기

상대의 안쪽에서 몸을 변화시키는 경우는 앞에서 기록한 '한손 잡아 손목 누르기(역반신인 경우)'와 움직임이 같기 때문에, 여기에서는 상대의 밖쪽에서 몸을 변화시키는 경우만을 들어보기로 하겠다.

리기 (상대의 밖쪽에서 몸을 변화시키는 경우)

〔기법의 개요〕

① - ③ 상대가 오른쪽 주먹으로 찔러 들어오면, 자기의 조금 왼쪽 앞으로 왼발을 내디디는 것과 동시에, 왼발을 축으로 하여 크게 배전, 양 수도(手刀)로 상대의 오른쪽 주먹을 제지한다.

④ 계속하여서, 오른손으로 상대의 오른손 손등 부분을 손목에서부터 잡고, 왼쪽으로 비틀면서 상대의 오른쪽 어깨 방향으로 찔러올린다. 동시에 왼손 인지의 뿌리 근육이 상대의 오른손 요골부분에 닿도록 잡고, 왼발을 축으로 하여 배전하면서 그 오른팔을 꺾어 누른다.

〔요점〕

상대의 주먹을 멈추지 말고, 양 수도(手刀)로 그 직진하는 움직임을 둥글게 이끌고, 상대의 어깨로 찔러올리도록 잡아가는 것이 최상이다.

뒤 양 손목 잡아 손목 누르기

표기

여기에서는 표기를 설명하도록 하겠다. 리기는 이 표기의 움직임을
참고로 하여 이해하기 바란다.

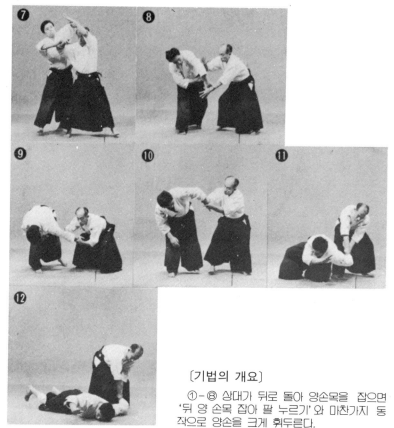

[기법의 개요]

①-⑧ 상대가 뒤로 돌아 양손목을 잡으면 '뒤 양 손목 잡아 팔 누르기'와 마찬가지 동작으로 양손을 크게 휘두른다.

이것을 쳐내리면서 상대의 왼쪽 측면 뒷쪽으로 돌고, 상대의 왼쪽 팔꿈치를 오른손 수도(手刀)로 제지한다.

⑨-⑫ 이어서, 상대의 왼손에 잡혀있는 왼손을 위에서부터 아래로 돌리면서, 상대의 왼손 손등 조금 상부를 잡는다. 동시에 그 왼손의 맥박 부분이 자신의 오른손 인지 뿌리 근육에 닿도록 잡고, 앞에서 기술한 '정면타(正面打) 손목 누르기 표기'와 마찬가지로, 상대의 왼손을 꺾고 앞쪽으로 쓰러뜨려 누른다.

[요점]

상대의 왼손 손목을 잡는 경우, 잡고 있는 상대의 손이 떨어지지 않도록 상대의 손에 따라 자기의 손을 돌리는 것을 주의할 것. 상대의 왼쪽 팔꿈치를 제지한 오른손 수도(手刀)의 개소가 왼손을 돌리는 경우 중심이 되도록 한다.

던지는 굳히기

던지는 굳히기도 다수의 종류와 변화가 풍부하고, 합기도 기법으로써 성립되어 있다.

그러나, 뭐니뭐니 해도 던지는 굳히기의 대표적인 것은 '소수(小手) 돌려 던지기'의 변화기를 여기에서 충분히 이해하기 바란다.

소수(小手) 돌려 던지기

소수(小手) 잡아 소수(小手) 돌려 던지기

(상반신의 경우)

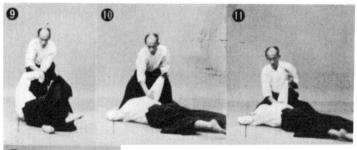

〔기법의 개요〕

①-⑥ 상대가 오른손 손목을 잡으면, 왼발을 상대의 오른쪽면, 자기 왼쪽 조금 앞으로 내 디디고, 그 왼발을 중심으로써 오른쪽으로 크게 배전, 자기의 오른손 손목을 잡은 상대의 오른손을 통하여 상대의 자세를 무너뜨린다.

⑥-⑫ 이어서 자신의 오른손 손목을 잡은 상대의 오른손을 손등 부분에서부터 왼손으로 덮어씌우듯이 잡고, 오른발을 축으로 왼쪽으로 배전한다. 동시에 상대의 오른손 손등에 자신의 오른손을 붙이고, 상대의 오른손 손목을 왼쪽으로 돌려 감듯이 상대를 쓰러뜨린다. 그리고 오른쪽 수도(手刀)로 상대의 오른손 팔꿈치를, 왼손은 손목을 잡은 채 상대의 머리 방향에서부터 움직여 엎어뜨려 '소수(小手) 돌리기'로 꺾는다.

〔요점〕

자신의 왼손으로 상대의 오른손을 손등에서부터 덮어씌우듯이 잡을 때는 자신의 왼손 엄지가 상대의 오른손 약지와 새끼 손가락 조금 아래에 닿도록 하고, 다른 손가락은 그 손등을 덮듯이 그 손의 엄지의 뿌리 근육쪽에서부터 손바닥에 걸쳐 잡도록 한다.

또, 상대의 오른손을 왼쪽으로 돌리는 때는 상대의 손등에 자신의 오른손을 확실하게 걸어 붙이는 것이 중요.

(역반신의 경우)

〔기법의 개요〕

①-③ 상대에게
왼손 손목을 잡혔으
면, 왼발을 축으로
하여 약간 왼쪽으로
배전한다. 동시에 그
몸의 움직임에 따라
왼손에 호흡력을 충
실시키면서, 상대에
게 왼손을 잡힌 채,
상대의 앞쪽으로 유
인하면서 작게 호를
그리면서 상대의 손
을 정면으로 가져간
다.

④-⑦ 이어서 상
대의 오른손 손등을
아래에서 오른손으
로 덮어씌우듯이 잡
고, 왼발을 자신의
뒷쪽으로 돌리면서,
그 오른손 손등에 자
신의 왼손을 대면서,
비트는 느낌으로 왼
쪽으로 돌려 상대를
쓰러뜨린다.

⑧-⑩ 왼손으로
오른손 팔꿈치를 제
지하면서 '소수(小
手) 돌리기'의 요령
으로 상대를 누르며
꺾는다.

〔요점〕

상대의 오른손을 아래에서부터 덮어씌우듯이 잡는 경우, 자신의 오른손 엄지를
상대의 손등부 중앙에, 다른 손가락을 그 등을 덮어 씌우듯이 엄지의 뿌리 근육
쪽에서부터 손바닥으로 걸어 잡도록 한다.

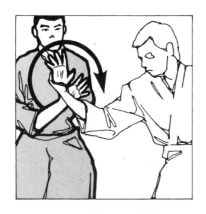

〔원 포인트〕

손목을 잡는 경우, 항상 관절에 가격하는 상대의 움직임을 제지하지 않으면 안된다.

찌르기 소수(小手) 돌려 던지기

변화가 많은 기 중의 하나인데, 상대의 안쪽과 밖깥쪽에서 몸을 변화시키는 경우를 각각 하나씩 예로 들어 설명하겠다.

(상대의 안쪽에서 몸을 변화시키는 경우)

〔기법의 개요〕

①-③ 오른쪽 주먹으로 찔러 오면, 오른발을 자기의 조금 오른쪽 앞으로 내디디고, 오른발을 축으로 하여 오른쪽으로 몸을 변화시키고, 상대의 오른쪽 주먹을 오른쪽 수도(手刀)로 제지한다.

④-⑤ 이어서 상대의 오른손 주먹을 멈추지 말고 오른손 수도(手刀)로 유인해 내고, 왼발을 상대 조금 앞 오른쪽으로 이동시킨다. 그 왼발을 축으로 하여 크게 배전, 상대의 오른팔을 통하여 상대를 무너뜨린다.

⑥-⑦ 상대의 오른손을 손등쪽에서부터 왼손으로 덮어씌우듯이 잡고, 오른발을 축으로 왼쪽으로 배전, 동시에 상대의 오른손 손등에 오른손을 대고, 그 손목 관절을 왼쪽으로 돌려 상대를 쓰러뜨리고, 엎어쓰러뜨려 누르면서 꺾는다.

[요점]

입신과 전환이 교차한 몸 놀림을 포함하고 있는 기법으로써, 합기도의 대표적의 움직임이다. 몸을 놀릴 때는 발 허리만이 아닌, 팔에서부터 손가락 끝에 이르기까지 통일시켜 아름답게 움직여야 한다. 그러므로, 항상 중심을 내리고, 자세를 안정시키도록 하는 것이 중요하다.

(상대의 밖깥쪽에서 몸을 변화시키는 경우)

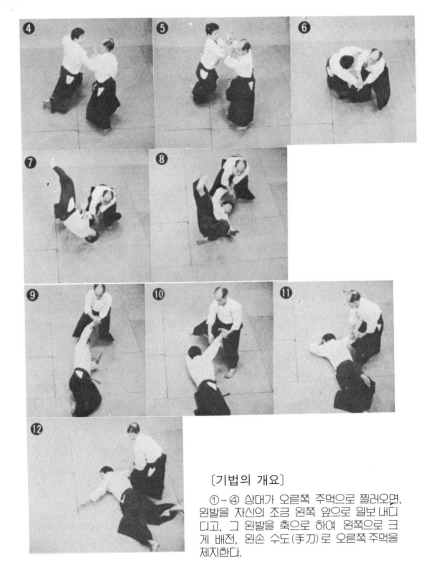

〔기법의 개요〕

①-④ 상대가 오른쪽 주먹으로 찔러오면, 왼발을 자신의 조금 왼쪽 앞으로 일보 내디 디고, 그 왼발을 축으로 하여 왼쪽으로 크 게 배전, 왼손 수도(手刀)로 오른쪽 주먹을 제지한다.

⑤-⑧ 이어서, 왼손으로 상대의 오른손 손등을 덮어씌우듯이 잡고, 그 손목을 왼쪽으로 돌리고, 오른손을 그 손등에 붙여 오른발을 축으로 하여 왼쪽으로 배전 하면서 손목을 감아넣듯이 왼쪽으로 쓰러뜨린다.

⑨-⑫ 오른손 수도(手刀)를 상대의 오른손 팔꿈치에 걸면서, 상대를 엎어쓰러 뜨려 꺾는다.

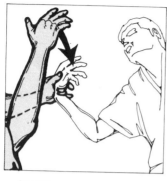

〔원 포인트〕

　오른손으로 상대의 오른손 손등을 잡고, 왼손을 붙여 감아올리듯이 왼쪽으로 던져쓰러뜨린다.

〔요점〕

　기본기의 정면타(正面打) 소수(小手) 돌리기도, 찌르기 소수(小手) 돌리기도 움직임은 거의 같지만, 찌르는 경우는, 그 찌르기에서 나오는 스피드를 잘 고려하여, 사이를 충분히 잡아 두어야 할 필요가 있다.

가슴 잡아 소수(小手) 돌려 던지기

〔기법의 개요〕

①-⑥ 상대에게 가슴을 잡혔으면, 반드시 오른쪽 주먹으로 상대의 정면에 대해

임신, 가슴을 잡은 상대의 오른손을 손등쪽에서부터 덮어씌우듯 엄지 측면을 잡고, 오른손 수도(手刀)로 상대의 오른팔을 제지하면서 왼발을 축으로 하여 왼쪽으로 배전, 동시에 자신의 가슴에 대고 있는 채 상대의 오른손 손목을 왼쪽으로 젖히고, 오른손 수도(手刀)로 힘을 가하면서 상대를 던져 쓰러뜨린다.

⑥-⑧ 이어서 왼손으로 상대의 오른손을 잡고, 오른손 수도(手刀)로 오른쪽 팔꿈치를 누르면서 상대를 앞어 쓰러뜨려 누르며 꺾는다.

〔요점〕

상대의 오른팔은 어디까지나 가슴에 대고, 가슴의 움직임으로 상대의 손목을 돌리는 정도의 기분이 필요하다.

상대의 손목에 댄 오른손 수도(手刀)는 공격하지 않아도 된다.

뒤 양 손목 잡아 소수(小手) 돌려 던지기

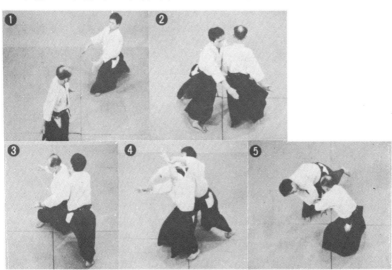

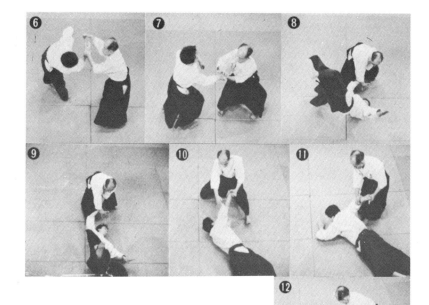

〔기법의 개요〕

①-② 상대가 뒤로 돌아 양 손목을 잡으면, 왼쪽으로 돌면서 상대의 몸을 유도한다.

③-④ 상대에게 잡힌 양손을 수도상(手刀狀)으로 크게 흔들고, 오른발을 크게 뒤로 돌리는 것과 함께 그 수도(手刀)를 잘라내리고, 상대의 자세를 자신 앞으로 무너뜨린다.

⑤-⑧ 자기의 오른손 손목을 잡고 있는 상대의 오른손 손등을 덮어씌우듯 왼손으로 잡고, 오른발을 축으로 하여 왼쪽으로 배전한다. 동시에 상대의 오른손 손목을 왼쪽으로 돌리고, 오른손을 오른손 손등 위에 대고, 크게 감아붙듯이 왼쪽으로 쓰러뜨린다.

⑨-⑫ 쓰러진 상대의 오른팔을 쉬지말고 양손으로 공격을 계속하여 쓰러져 있는 팔을 꺾어누른다.

〔요점〕

중요한 것은 상대의 자세를 무너뜨리는 것이 제 1 이다. 즉, 뒤로의 기술은 양 수도(手刀)를 나선상으로 크게 흔들 때와, 이것을 쳐내리면서 상대의 왼쪽 뒤로 돌리는 때이다. 상대의 양손을 통하여 자세를 완전히 무너뜨릴 필요가 있다. 그리고, 어디까지나 자신의 앞쪽에 상대의 몸을 무너뜨린다는 것에 충분히 주의해야 한다.

권 사 유
판 본 소

현대 합기도교본

2022년 5월 25일 재판
2022년 5월 30일 발행

지은이 | 현대레저연구회
펴낸이 | 최 원 준

펴낸곳 | 태 을 출 판 사
서울특별시 중구 다산로 38길 59(동아빌딩내)
등 록 | 1973. 1. 10(제1-10호)

ⓒ 2009. TAE-EUL publishing Co.,printed in Korea
※잘못된 책은 구입하신 곳에서 교환해 드립니다.

■ 주문 및 연락처
우편번호 0 4 5 8 4
서울특별시 중구 다산로 38길 59(동아빌딩내)
전화 : (02)2237-5577 팩스 : (02)2233-6166

ISBN 978-89-493-0669-8   13690